Sisi – Eine Seele, zwei Leben

Dagmar Ridky

Bibliografische Information der Deutschen Bibliothek
Die Deutsche Bibliothek verzeichnet diese Publikation in der Deutschen Nationalbibliografie; detaillierte bibliografische Daten sind im Internet über http://dnb.dnb.de abrufbar.

© 2024 Dagmar Ridky
2. Auflage

Umschlaggestaltung, Kapitelseiten: Marina Rudolph
Titelbild: Gettyimages: DEA/G.NIMATALLAH
Weitere Bilder: Gettyimages: Jean-Francois DEROUBAIX, Dagmar Ridky
Lektorat, Korrektorat: Renate Jung
Buchsatz und Layout: Verena Blumenfeld
Publishing: Sanvema Publishing UG (haftungsbeschränkt)

Verlag & Druck:
tredition GmbH, An der Strusbek 10, 22926 Ahrensburg, Germany

ISBN (Paperback): 978-3-347-91024-9
ISBN (Hardcover): 978-3-347-91025-6

Kontakt:
dagmar-ridky@gmx.de
www.kunstmatrix.com

Dagmar Ridky

Sisi
Eine Seele, zwei Leben

Reinkarnation am Beispiel der
Kaiserin Elisabeth von Österreich

*Neue Gedanken und neue Wahrheiten
Setzen sich in drei Stufen durch.
Zunächst werden sie belächelt,
Dann werden sie heftig bekämpft,
Schließlich werden sie als selbstverständlich angenommen.*

Vorwort

Träumen wir nicht alle davon, wie es wäre, in einer anderen Zeit geboren zu sein, aber was, wenn es wahr ist? Wenn unsere Seele tatsächlich schon einmal dort war, in einer Zeit, die uns seltsam vertraut erscheint. Kannst du dir vorstellen, wie anders das Leben wäre? Wie denkst du, würde deine Erfahrung die Welt verändern?

Manchen fällt es leichter, sich an das Leben in einer anderen Zeitperiode anzupassen. Manche haben vielleicht sogar den Eindruck, dass sie nie wirklich zu ihrer eigenen Zeit gehört haben. Die meisten Menschen, die in ihren Träumen in die Vergangenheit reisen, haben das Gefühl, dass es ein Neuanfang ist oder eine zweite Chance im Leben, weniger eine Rückkehr.

Menschen, die sich in der Zeit bewegen, haben im Allgemeinen wiederkehrende Themen.

Reinkarnation ist ein spirituelles Konzept, bei dem angenommen wird, dass die Seele auch nach dem Tod des physischen Körpers weiterlebt. In diesem Fall wird eine Person, wenn sie stirbt, für eine zweite Lebenschance in einer anderen Lebensform reinkarniert. Was wäre jedoch, wenn dies nicht nur eine spirituelle Philosophie, sondern tatsächlich Realität wäre? Manche Menschen glauben an Wiedergeburt, weil sie Erinnerungen an frühere Leben haben. Sie sind dann in der Lage, Informationen über ihre vergangenen Leben mit anderen zu teilen.

Die Idee der Reinkarnation ist nicht neu. Es gibt sie seit Tausenden von Jahren und wurde von vielen dokumentiert. Einige mögen denken, Reinkarnation sei ein Mythos, aber das ist sie nicht. Die Idee ist, dass eine Person ein Leben hat, in das sie geboren wurde und dann stirbt. Sie geht ins Jenseits und wird in einer anderen Lebensform geboren.

Erinnerungen an frühere Leben können entweder von der Person, die sie hatte, oder von jemand anderem in ihrem Gedächtnis abgerufen werden.

1. Kapitel

Vielleicht hat das Schicksal alle Wege unseres Lebens bereits bestimmt. Oft ähneln die Wege, auf denen wir landen, denen, an die wir uns aus früheren Leben erinnern. Manchmal scheinen sie sogar in Sackgassen zu münden, die uns dann doch einen vorbestimmten Weg finden lassen. Bei einer meiner Zeichnungen, die mich selbst darstellen sollte, war nicht nur ich beeindruckt von der Schönheit, die sich auf die Leinwand zauberte. Es war auch das Gesicht, das andere erkannten. Mir vertraut war und dann ... eine Erleuchtung brachte.

Ich bin Dana. Ich bin Malerin, eine Künstlerin und mittlerweile in einem Alter, in dem man das Leben etwas gelassener nimmt. Ich lebe mit meinem Partner in Süddeutschland und kann als Malerin auf einige erfolgreiche Ausstellungen zurückblicken. Soweit ich mich erinnern kann, wollte ich immer malen und damit meinen Lebensunterhalt verdienen können. Deshalb beschloss ich irgendwann, ins kalte Wasser zu springen und es zu wagen, den Mut zu haben, meine Liebe zur Kunst zu leben und als Ausdrucksmittel zu nutzen. In meinen kühnsten Träumen wagte ich mir nichts anderes vorzustellen, als zu malen und in einem Atelier arbeiten zu können.

Heute habe ich mehr als genug Möglichkeiten für beruflichen Erfolg, aber das Einzige, was mir immer wichtig war, war die Kunst selbst. Ich liebe den Prozess, ein Bild zu schaffen, indem ich mit Ölfarben auf Leinwand male und es dann stundenlang betrachte, um herauszufinden, wie es sich im Laufe der Schaffens-Zeit verändert hat. Ich liebe es auch, etwas aus meinem persönlichen Leben zu nehmen und es in ein Gemälde zu verwandeln, um dieser persönlich bedeutungsvollen Erfahrung eine einzigartige Form als Kunstwerk zu geben. Mir war schon immer wichtig, dass meine Arbeit Menschen berührt, egal ob traurig oder glücklich, visuell oder emotional. Ich habe immer versucht, meine Arbeit als Kommunikationsmittel zu verwenden und nicht als Objekt, das nur wegen seines Geldwerts geschätzt wird. Aber obwohl ich das Glück habe, davon leben zu können, war es mir nie oberstes Ziel. Die Kunst selbst war stets die Priorität in meinem Leben.

Ich fühle mich angekommen, wenn ich mit Pinsel und Farbe meine innere Welt nach außen zeigen kann. Ich mische Farben und Linien und kann so Erinnerungen schaffen, Geschichten erzählen und Menschen dazu bringen, die Welt zu sehen, die ich sehe. Es ist ein Weg für mich zu entkommen, wie ich es gerne ausdrücke. Mir ist wichtig, dass meine Arbeit echt ist und das widerspiegelt, was ich innerlich fühle.

Vielleicht war meinem Unterbewusstsein schon damals klar, dass ich von einem unbekannten Wissen angetrieben wurde, von einer Geschichte, die nach einer Stimme suchte. Vielleicht war es mein Versuch, mein eigenes Universum wieder neu zu finden. MICH wiederzufinden. Die Idee des Künstlers ist es, eine Welt zu schaffen, die Menschen einlädt, sie auf eine Weise zu erleben, die der Reise menschlicher Emotionen in der Natur huldigt. Für mich war es eine neue Reise – zu mir selbst. Das Malen diente mir dabei immer als Zufluchtsort. Es war ein Ort, an den ich ging, um von den überreizenden und beängstigenden Aspekten der Gesellschaft »wegzukommen«. Es ist ein Ort, an dem ich mir Zeit nehmen, loslassen und nachdenken kann, ohne den Stress der täglichen Lärmbelästigung. Die Natur und ihre Schönheit auf diese weniger invasive Art und Weise zu erleben, war mir schon immer wichtig.

Die Art und Weise, wie ich mich zum Zeitpunkt der Erschaffung eines Bildes fühle, ist immer anders. Es ist jedes Mal eine neue, aufregende und komplexe Erfahrung. Bestimmte Momente sind hoch aufgeladen, und viele meiner Bilder sollen mit anderen geteilt werden. Sie wurden als »eindringlich« beschrieben. Ich weiß nicht, ob dieses Wort ganz richtig ist, aber diese Eindringlichkeit ist sicherlich in einigen meiner Arbeiten zu spüren. Der Prozess des Malens ist etwas sehr Bedeutendes. Beim Malen gehe ich in tiefe, meditative Zustände, und ich kann während meines kreativen Prozesses präsenter sein, kann leichter auf die tieferen Schichten eines Bildes zugreifen und muss mir keine Gedanken über Ablenkung oder zu viel Druck machen. Hier komme ich wieder an – kann loslassen, mich mit allem verbinden.

Früher, als ich jünger war, konnte ich mich damit auch von meinen Eltern und Freunden unterscheiden. Ich glaube nicht, dass sie die Welt auf die gleiche Weise sahen, wie ich sie sah. Im Grunde verstanden sie meine Passion nicht, weil es mir nicht um materielle Dinge ging. Es ging darum, ein authentisches Gefühl dafür zu entwickeln, wer ich war. Allerdings konnte ich diese Frage tatsächlich erst zu einem viel späteren Zeitpunkt klären. Jetzt, wo ich älter bin und mehr Erfahrung habe, sehe ich, dass manche Menschen dazu geboren sind, Ärzte, Anwälte usw. zu sein. Aber für alle anderen geht es darum herauszufinden, welche Talente sie haben und ihre Stärken auszuspielen. Und es geht immer darum herauszufinden, wer wir eigentlich selbst sind.

Alles begann an einem gewöhnlichen Morgen im April 2017, als ich anfing, ein Bild zu malen, das mein Leben verändern sollte. Ich war derart von einem Bild eines Künstlers inspiriert worden, dass es mich nicht mehr losließ. Das Bild zeigte das Gesicht einer Frau, und es lässt sich nicht immer erklären, was einen Künstler bewegt, ein Motiv aufzugreifen und daraus sein eigenes Werk zu erschaffen. Ich wollte ein Gemälde schaffen, ein Abbild meines Gesichts, verflochten in dieses Motiv, ein Bild, das mein eigenes Innenleben widerspiegeln sollte. Eine neue Art, die Welt und meinen Platz darin zu sehen. Während des Malens überkam mich ein tranceartiger Zustand.

In völliger Vertiefung malte ich, ohne bewusst wahrzunehmen, wie die Farben das Bild erschufen. Das Gemälde wurde so etwas wie ein Selbstporträt, ein Porträt, das die inneren Abläufe meines Geistes widerspiegelte. Das war nicht nur ein Bild, sondern ein intensives persönliches Erlebnis. Das Gesicht auf dem Gemälde spiegelte nicht mein eigenes Gesicht wider – Ich war es, aber auch die Emotionen in dieser stundenlangen Schaffensphase. Diese Empfindungen kamen aus dem tiefsten Inneren meiner Seele. Dies wurde mir aber erst später bewusst. Als ich das Bild sah, glaube ich, meine Seele würde durch meine Augen gesehen. Mit diesem Gemälde vermochte ich auszudrücken, was ich sah und was ich während meines tranceähnlichen Zustands gefühlt hatte. Dieses Stück würde ein Kunstwerk mit einer sehr tiefen Bedeutung werden. Tatsächlich spürte schon ich beim Malen beständig, dass mir diese Bedeutung im Laufe der Zeit offenbart werden würde ...

»Ich fühle mich, als würde ich gleich krampfhaft lachen und gleichzeitig weinen«, dachte ich oft, ohne es erklären zu können. Es war meine Mission, die Geschichte zu erzählen, die ich in diesem Bild sah. Ich wollte ein Porträt von mir selbst malen, aber mir war oft so, als ob das Bild sich selbst malte.

Ölgemälde, Hüterin des Hauses 2017 (200 x 150 cm)

Detail aus ›Hüterin des Hauses‹

Ich freute mich sehr, als meine Freundin Grit mich am Nachmittag besuchte. Ich liebte diese Zeiten, dazusitzen, Kaffee zu trinken und sich auszutauschen. Meine Freundin Grit ist eine sehr interessante Person, sehr spirituell und tiefgründig. Während des Treffens stellte ich fest, dass sie immer wieder das Gemälde anschaute, das ich gerade fertiggestellt hatte. Ich fragte sie, was ihr daran gefalle, und sie sagte: »Es ist sehr schön.« Sie schien aber erst einmal nicht weiter darüber sprechen zu wollen. Ich wollte aber darüber sprechen, weil ich wissen wollte, was sie dachte. Grit erzählte mir, dass das Gemälde sie an irgendwen erinnerte, sie aber nicht richtig definieren konnte, an wen. Dabei war es doch ein Selbstporträt und sollte sie eigentlich an MICH erinnern, aber ich beschloss, mich vorläufig noch zurückhalten, und fragte sie, warum ihr das Bild gefalle. Sie sagte: »Mir gefällt einfach, wie anders du in diesem Bild bist.« Ich war sehr geschmeichelt. Sie sagte, sie finde dieses Bild interessant, weil es eine Seite von mir darstelle, die ich vielen Menschen nicht zeige. Irgendwann wechselten wir das Thema, und ich dachte, das Thema meines Selbstporträts sei vergessen. Wir plauderten über alltägliche Dinge, wie Freundinnen, die sich schon lange kennen, das nun einmal tun. Nach einiger Zeit dachte ich, ich sollte das Selbstporträt vielleicht noch einmal zur Sprache bringen, und erklärte ihr, dass Menschen manchmal etwas auf einem Bild entdecken, aber nicht wissen, was es ist. Sie sah mich lächelnd und sagte: »Ja, aber ich kann nicht genau sagen, was mich an deinem Bild bewegt.« Ich war ein wenig verletzt, vermutete aber auch, dass sie vielleicht noch nicht bereit war, darüber zu sprechen. So kamen wir wieder auf andere Themen.

Am nächsten Morgen rief Grit mich völlig aufgeregt an. Das Porträt hatte sie wohl doch nicht losgelassen. Etwas daran schien sie die ganze Nacht wachgehalten zu haben. Sie hatte den Eindruck, ich sei es und dann doch wieder nicht, und musste der Sache auf den Grund gehen. So hatte sie die ganze Nacht recherchiert, um eine Erklärung für ihre seltsame Ahnung zu finden.

Meine Freundin wirkte überaus aufgelöst: »Ich war so aufgeregt, dass ich nicht schlafen konnte und habe einfach weiter geforscht. Aber alle Bilder, die ich mir im Internet angesehen hatte, zeigten nicht, was ich suchte. Es ist kein Porträt von dir. Also schon ...«, widersprach sie sich immer wieder. »Aber anders, das ließ mir einfach keine Ruhe. Ich konnte mich erinnern, dass ich irgendwann einmal ein Foto gesehen hatte, das deinem Porträt irgendwie ähnelte. Das machte mich ganz verrückt.«

»Kein Porträt von mir?«, fragte ich verständnislos. Ich wusste, dass ich eine gute Malerin war, und es versetzte mir einen kleinen Stich. Aber tief in mir drin wusste ich auch, dass sie recht hatte.

»Kein Porträt von mir«, murmelte ich wieder.

»Ich habe ein Porträt entdeckt, das deinem Porträt ähnlichsieht.« Sie konnte sich gar nicht beruhigen.

»Also, ist das Bild nicht gut, oder wie meinst du das?«, fragte ich besorgt.

»Aber nein, nein! Du bist es nicht«, sagte sie. Das verstand ich nicht. »Du bist es nicht«, wiederholte sie nach einer kurzen Pause.

»Ok, ich verstehe«, antwortete ich enttäuscht. Es kratzte doch etwas an mir, dass sie mein Selbstporträt nicht als solches erkannte.

»Nein, hör zu«, sagte sie nun etwas energischer. »So meine ich das nicht. Es ist schon so, dass man dich auf dem Bild erkennt, aber weißt du, wem dieses Porträt auch noch ähnelt?« Ich spürte eine leichte Gänsehaut über meinen Körper ziehen. Wusste ich es? Hatte ich es geahnt? Wen hatte ich gemalt, in der Annahme, es sei ein Bild von mir?

»Es sieht Sisi ähnlich«, platze sie heraus. »Das hat mich nicht mehr losgelassen. Ich sah etwas, was ich nicht einordnen konnte, und jetzt bin ich mir absolut sicher. Du hast das Gesicht von Kaiserin Sisi gemalt!«

»N-nein«, sagte ich mit zitternder Stimme. Ich konnte es nicht glauben. Mein Selbstporträt mit dem Gesicht von Kaiserin Sisi? Ich war zu verblüfft, um klar zu denken, aber Erinnerungen flogen durch meinen Kopf. Keine Erinnerungen, mehr eine Erleuchtung, ein Erwachen. Ich hatte es schon lange geahnt, nicht bewusst, aber jetzt war es unverkennbar. Ich wagte es kaum zu denken – Ich sollte Kaiserin Sisi sein? Das war doch absurd! Ich war diese Seele, in diesem Leben, und das Bild war meine Erleuchtung, mein Erwachen im Jetzt mit der Chance, mich endlich zu erinnern, wer ich tatsächlich war.

»Nein«, sagte ich noch einmal, diesmal mit weniger Überzeugung. Es war nicht logisch. Es war nicht möglich. »Ich – ich weiß nicht, wovon du sprichst.«

»Kaiserin Sisi hat ihr eigenes Gesicht gemalt«, sagte sie lachend. Ich konnte nicht glauben, dass das Gemälde von ihr stammen sollte. Der Gedanke war so verrückt. Es war grotesk, lächerlich.

»Ich weiß nicht, wovon du sprichst«, sagte ich noch einmal, dieses Mal fester.

Grit antwortete eine Weile nicht und sagte dann langsam: »Kaiserin Sisi ist die Frau auf dem Bild, das du gemalt hast. Kaiserin Sisi ist DEIN Selbstporträt!« Ich begann hysterisch zu lachen.

»Das ist die verrückteste Idee, die du seit Jahren hattest!« Ich lachte so sehr, dass ich gar nicht bemerkte, wie still es am anderen Ende der Leitung geworden war.

»Es tut mir leid«, keuchte ich schließlich. »Aber du weißt, dass es nicht möglich ist.«

»Es ist möglich«, beharrte sie. »Du bist Sisi, und auf deinem Gemälde, das ist das Gesicht von Kaiserin Sisi.«

»Das ist nicht möglich«, rief ich aufgeregt. »Ich kann ihr eigenes Gesicht nicht als meins gemalt haben.«

»Du bist nicht mehr Sisi«, sagte Grit. »Sie musste sterben, bevor du geboren werden konntest.«

Ich saß lange Zeit da und versuchte, die Bedeutung ihrer Worte aufzunehmen. Dann erhob ich mich und begann, fieberhaft im Zimmer auf und ab zu gehen, alle meine Kräfte in höchster Alarmbereitschaft, alle Nerven gespannt. Meine Gedanken waren in Aufruhr; Grit konnte sich unmöglich irren, das wurde mir immer klarer.

Ich hörte Grit wie aus weiter Nähe durch das Rauschen in meinen Ohren: »Oh! Ich weiß! Du bist es, nicht wahr? Du bist Kaiserin Sisi!«

Mein Kopf spielte mit tausenden Gedanken. »Ich bin nicht Kaiserin Sisi! Das kann doch nicht sein.« Dennoch schien meine Seele sich zu verändern, sich zu befreien und vermittelte mir eine tiefe Erkenntnis. Ich fühlte mich so irritiert, verwirrt und gleichzeitig befreit, dass ich das Gespräch beenden wollte, um mich zu sammeln.

In mir war auf einmal ein Kribbeln und Kitzeln, das mein Herz schneller schlagen ließ. Ich war aufgeregt wie ein Kind.

»Hör zu, ich bin nicht Kaiserin Sisi«, wollte ich meine Gedanken mit aller Macht zur Ruhe zwingen.

Grits Stimme wurde wieder aufgeregter. »Ich weiß! Du bist die Kaiserin! Das war's! Jetzt, wo ich das herausgefunden habe, muss es erst einmal sacken, wir reden später!« Sie verabschiedete sich und legte auf. Ich wollte es noch einmal laut sagen, aber jetzt versagte meine Stimme.

»Ich bin die Seele von Kaiserin Sisi!«, flüsterte ich. Ich spürte, wie mir der Schweiß auf der Stirn stand, und meine Augen brannten vom Starren auf einen unbekannten Punkt in der Ferne. Ich wusste, dass ich es war – ihre Seele. Grit, meine spirituelle Freundin, hatte es gespürt und nicht aufgegeben, bis das Geheimnis gelüftet war.

»N-nein«, sagte ich noch einmal, obwohl ich nun ziemlich genau wusste, dass ich es war. Meine Stimme klang brüchig wie ein trockener Zweig. Ich musste – musste über das Gespräch nachdenken und es ernst nehmen.

»Ich bin sie!« Ich überzeugte mich mehr und mehr davon, dass das unzweifelhaft ich war. Tränen stiegen mir in die Augen. »Ich bin die Seele von Kaiserin Sisi!« Ich wusste nicht warum, aber ich fühlte mich so erleichtert, nachdem ich tief Luft geholt und diesen Satz laut ausgesprochen hatte. Mir war, als sei eine große Last von meiner Brust genommen worden.

Als ich glaubte, wieder atmen zu können, spürte ich diese innere Erkenntnis – einen Weg, der sich plötzlich durch einen Lichtstrahl öffnete und eine tiefe innere Wahrheit zeigte. Mein Körper schien in Vibrationen versetzt worden zu sein. Ich spürte, wie meine Seele aus der Tiefe an die Oberfläche stieg, um erkannt zu werden, und begriff, dass in mir eine große Lebenskraft war, die ich bis zu diesem Zeitpunkt nie gespürt hatte. Nicht in dieser intensiven Form. Ich empfand es als einen gewaltigen Strom, der durch alle meine Zellen floss und sie miteinander und mit dem lebendigen Universum verband – die Kraft der universellen Liebe einer ewigen Seele, die ich endlich als meine eigene wahre Natur erkannt hatte. Ich war furchtlos, befreit, kreativ. Eine große Energiewelle durchströmte mich, und ich erkannte sie als die schöpferische Kraft des göttlich Weiblichen. Ich war völlig offen für das ganze Universum und öffnete mich.

Diese Erfahrung ist unbeschreiblich, und ich kann sagen, dass ich jetzt eine neue Dimension der Realität gefunden habe und dass dies meine eigene Natur, meine wahre Identität ist. Ich erlebte eine Erweiterung meines Bewusstseinszustandes als eine Erfahrung des »sich verbunden Fühlens« und eines »Gefühls der Einheit«.

So etwas hatte ich noch nie erlebt. Eine tiefe innere Wahrheit schuf sich in mir ihren eigenen Weg. Das versetzte meine Seele in eine solche Vibration, dass es unmöglich war, nicht mehr zu verstehen, dass ich im vergangenen Leben Sisi gewesen war. Selbst wenn der Gedanke zunächst so absurd war, war da diese Gewissheit, die in mir schrie, dass es wahr war. Ich wusste, dass mein altes Ego so schnell wie möglich loslassen musste, um diese Tatsache zu akzeptieren.

Ich saß lange am Tisch und starrte nur vor mich hin. Ich rieb meine Hände, die ohnehin schon rot waren vom Kneten. Dann nickte ich und sagte laut zu mir: »Ja. Ich bin sie. Und WIE ich sie bin.«

Nach einigen Minuten kam mein altes Ich allmählich zurückkam. Allmählich kamen meine Gedanken zur Ruhe, und ich stand langsam auf. »Und wenn es stimmt«, dachte ich, als ich mich erhob, »dann gibt es einiges neu zu entdecken.« Ich muss los, sagte mir ein innerer Drang. »Jetzt gehe ich dem Ganzen auf den Grund«, sagte ich laut. Plötzlich erinnerte ich mich, wie sehr schon meine Träume immer wieder auf Dinge hingewiesen hatten, die ich nicht deuten konnte. Aber jetzt begann ich zu begreifen, dass es Anspielungen auf mein früheres Leben gewesen sein könnten. Ich musste los und herausfinden, ob es so etwas wie eine Seelenwanderung geben konnte und warum. Ich würde nicht leben können, ohne dem auf den Grund zu gehen.

»Viel zu entdecken«, hörte ich mich sagen, »aber wie?« Plötzlich fiel es mir ein. »Ich gehe genau dorthin, wo sie gelebt hat.« Das war die Antwort. Ich ging zittrig durch die Tür meines Hauses, mit weit offenen Augen, mein Herz schlug schnell. Jetzt fühlte ich mich mit einem Mal elektrisiert von Kopf bis Fuß; ich befand mich in einer neuen Welt und eröffnete mir Gedankenausblicke, so weit wie die Ewigkeit selbst. Ein starker Wunsch erfüllte mich, sofort dorthin zu gehen, wo sich vielleicht neue Gedanken auftun würden. Ich könnte etwas entdecken, dachte ich; vielleicht würde ich etwas völlig Neues erfahren.

Ich beschloss, mit dem Auto nach Possenhofen zu fahren, zum Schloss Possenhofen am Starnberger See, wo Sisi aufgewachsen war. Das Schloss ist ein romantischer und schöner Ort, umgeben von mittelalterlichen Mauern. Ich parkte das Auto und lief eine Weile über das Gelände, bevor ich es aus dem Augenwinkel erspähte: Sisis Haus. Bei seinem Anblick blieb ich abrupt stehen und musste schlucken. Plötzlich wirkte alles so vertraut. Und so ganz nah bei mir. – Sisis Zuhause, die Straße, in der sie gewohnt hatte. Ihre Lieblingsplätze. Der Duft von Flieder. Der Klang von Glockengeläut. Der Geschmack von Schwarzbrot und starkem Kaffee auf der Zunge. »Sisi!«, flüsterte ich, aber nichts regte sich außer den Bäumen im Wind und einem Vogel hoch oben in einem Baum in der Nähe des Schlosses. Ich stellte mir Sisis Gesicht vor, ihr hellbraunes Haar, ihre leuchtenden Augen. Genau in diesem Augenblick begannen die Schlossglocken die volle Stunde zu läuten und versetzten mich in eine andere Zeit und an einen anderen Ort – in Sisis Kindheit.

Ich konnte fast sehen, wie meine Brüder mir vom Fenster aus zuwinkten. Ich sah mich als Mädchen im Haus meines Vaters, des Herzogs Max von Bayern. Das Schloss, mein geliebtes Possi, wie ich es immer genannt habe. Ich liebte das märchenhafte Schloss mit den vier Ecktürmen und der kleinen Kapelle. Mir war, als hörte ich die Stimmen meiner Brüder:

»Komm, Sisi. Komm und sieh dir an, was wir gefunden haben.«
Und ich sah die Aufregung in ihren Gesichtern, als sie mich
mitnahmen, um mir ihren Schatz zu zeigen. Ein juwelenbesetz-
tes Schwert mit goldenem Griff und einer Klinge aus Stahl. Ich
dachte daran, wie die Götter mir diese herrliche Kindheit geschenkt hatten, und an den Schmerz in meiner Brust, der meine
Erinnerung daran begleitete. Ich sah, dass es ein Traum sein
musste, als ich einen langen Korridor hinunterging, der auf beiden Seiten mit Wandteppichen bedeckt war, und ich die Geräu-
sche des Personals hörte. Es war immer viel los. Wir Kinder
sorgten für allerlei Trubel, und wir hatten oft Besuch in dieser
ländlichen Idylle.

Das war eine Zeit der Freude und des Lachens. Meine Familie
hatte immer viele Gäste. Von überall her kamen Menschen, um
an Feierlichkeiten teilzunehmen. Ich machte mich auf den Weg,
einen der Gärten zu besuchen, ganz in Erinnerungen versunken.
Ich öffnete die Tür und betrat einen Raum, der sich gleich vor
mir öffnete. Ich sah Dinge, die mich glücklich machten: einen alten Tisch, Stühle drumherum, Blumentöpfe und zwei Kinder, die
fröhlich spielten. Es war Sommerzeit; draußen blühten Rosen
und die Wärme drang durch große Glasfenster ein. Ich war so
glücklich, dass ich nicht wieder gehen mochte. Ich war voller
Freude und fand diese Freude in allem. Im Garten stand eine rie-
sige Zeder, sie roch köstlich, und ich nahm ihre Frische in meine
Lungen auf. Plötzlich stand ich auf einer Wiese mit blütenbela-
denen Zweigen, die Hitze der Sonne auf meinem Gesicht und
Schmetterlinge, die darüber schwebten. Ich war in Erinnerungen
versunken und wusste nicht einmal, wo ich war.

Ich blieb stehen, wich zurück und sah mich um: das vertraute Zimmer, die Rosen vor dem Fenster und die fröhlich spielen-

den Kinder. Es war eine andere Zeit – eine Zeit der Freude und des Lachens. Es war eine Zeit, in der ich glücklich spielte. Als Kind liebte ich Blumen und ging oft in den Garten. Obwohl dies für Kinder keine ungewöhnliche Beschäftigung war, galt meine Liebe zu Blumen damals als seltsam. Ich liebte auch Wälder, in denen ich in die Einsamkeit flüchten und mich in Gedanken verlieren konnte, die mich zufrieden machten; es gibt nichts Schöneres, als ganz in der eigenen Fantasie aufzugehen. Im Garten lernte ich, die Natur zu lieben, und verbrachte dort Stunden und sog das Licht, die Wärme und die Schönheit auf, die mich umgaben.

Mit dem Lernen konnte ich nicht viel anfangen. Es langweilte mich, und ich sah keinen Sinn darin. Ich streifte lieber durch die Natur, und ich malte so gerne. Ich liebte die Natur, und wenn ich nicht malte oder schrieb, ging ich mit meinen Brüdern fischen. Ich war sehr glücklich. Ich wusste, dass ich überall hingehen konnte. Einer meiner Lieblingsplätze war ein wunderschöner Aussichtspunkt auf dem Berg. Hier saß ich gerne und zeichnete. Ich wusste, dass ich oft sehr ungeduldig mit mir selbst war. Die Bilder, die ich sah und die sich mit den Bildern in meinem Kopf mischten, erschienen nicht so auf der Leinwand, wie ich es mir vorstellte. Immer, wenn ich mich besonders ärgerte, stachelten meine Brüder mich noch weiter an, warfen mit kleinen Steinchen nach mir und sangen Spottreime. Aber wenn ich dann zutiefst verärgert war, revanchierte ich mich, indem ich mit Steinen zurückwarf. Dennoch machte es mich immer sehr traurig. Meine Mutter erzählte mir, ich sei bereits mit einem Milchzahn auf die Welt gekommen, und es habe sich deshalb das Gerücht verbreitet, ich sei ein Hexenkind mit besonderen Fähigkeiten.

An diesem Tage hänselten mich meine Brüder wieder einmal arg, und ich wurde sehr wütend. Meine Brüder zogen mich oft damit auf, eine Hexe zu sein, und dann war ich jedes Mal überaus verärgert. Ich wollte ihnen das Gegenteil beweisen und ihnen zeigen, dass ich keine Hexe war. Ich rannte zornentbrannt hinter ihnen her, ich wollte, dass sie aufhörten, »Hexenkind« zu rufen. Aber plötzlich fiel ich hin, und mein Kleid zerriss. An drei Stellen. Am Ende hatte ich ein riesiges Loch im Kleid und musste nach Hause. Ich wusste: Das würde bestimmt Ärger geben. Meine Brüder verspotteten mich wegen des Lochs in meinem Kleid. Was mich noch mehr aufbrachte war, dass ich es nicht instand setzen konnte.

»Was in aller Welt?«, flüsterte meine Mutter, sobald ich vor ihr aufgetaucht war, und begann zu schimpfen. Als ich mich verteidigen wollte, schaute sie mich wütend an, ich bekam eine heftige Schelte und obendrein noch einige Hiebe.

»Du wirst dich bei deinen Brüdern entschuldigen. Sie sind nicht schuld, dass du das neue Kleid zerrissen hast! Du willst nicht, dass ich dich noch einmal schlage, oder?« Ich schüttelte den Kopf und sie sagte, ich solle endlich mit dem närrischen Zeichnen aufhören und mich lieber darauf konzentrieren, eine junge Dame mit guten Manieren zu werden, und nicht toben wie ein Junge.

Es war schwierig für mich, mich gut erzogen oder sogar höflich zu benehmen. Ich wollte mich gegen die strengen Regeln auflehnen, die meine Mutter und mein Vater für mich aufgestellt hatten, weil ich ein Mädchen war, aber ich wusste nicht, wie. Die strenge und autoritäre Art meiner Mutter war immer etwas zu viel für mich, aber ich liebte sie dennoch. Wenn meine Mutter sagte, ich könne keine Hosen tragen oder, *dass ich drei Stunden lang Hausarbeiten erledigen müsse und dann nach Hause kommen solle, nur weil ich lieber malen wollte, machte mich das traurig. Ich wusste, dass sie nur versuchte, mich so zu erziehen, dass ich sicher und glücklich würde, aber es wurde immer dann schwierig, wenn ich das tun wollte, was meine Brüder durften. Ich wollte meinen Spaß haben und mich der strengen Regeln entledigen, die ich als Mädchen befolgen musste.*

Ich fühlte mich oft unverstanden und zog mich dann auf mein Zimmer zurück. Beim Malen vergaß ich alles um mich herum und versank in meiner eigenen Welt. Dann spürte ich, wie ich dieser Welt ein Stück weit entfloh und es mir besser ging. Ich malte, ohne an etwas anderes zu denken. Ich malte, um wieder gute Laune zu bekommen. Wenn ich mich niedergeschlagen fühlte, war mir, als lösten meine Pinsel und Farben alle Sorgen auf.

Die Erinnerungen verschwanden wie ein sich lichtender Nebel. Ich, Dana, war wieder im Hier und Jetzt. Ich stand vor dem Schloss, und Sisis Lachen klang noch in meinen Ohren. Ich spürte den Schleier zwischen den Zeiten. Ganz dünn, wie ein Hauch von Spinnweben. Tausend Gedanken drängten sich in meinem Kopf. Sollte es tatsächlich denkbar sein, dass eine Seele wiedergeboren wurde? War es möglich, sich so real daran erinnern zu können? Ich schüttelte den Kopf und versuchte, ihn von dem Wahnsinn zu befreien.

»Ja, das war ein schöner Traum«, sagte ich mir. »Aber es ist Zeit aufzuwachen.« Die Sonne stand hoch am

Himmel in ihrer strahlenden Pracht und tauchte das Firmament in ein blasses Rosa mit orangefarbenen Streifen. Ich beobachtete die Szene eine Weile, bevor ich mich auf den Weg machte und im anliegenden Park ein wenig spazieren ging. Alle Erinnerungen waren so real, aber ich konnte das Schloss nicht besichtigen, um mir Gewissheit zu verschaffen, ob es nur Hirngespinste waren oder meine Ahnungen doch einen Funken Wahrheit enthielten.

Ich suchte mir eine Parkbank, ließ meine Gedanken schweifen und begann dann mit meinem Handy im Internet zu recherchieren. Ich musste einen Weg finden herauszubekommen, was ich da fühlte und warum ich es so intensiv fühlte. Ich brauchte eine beruhigende Minute, die mir half, mich zu entspannen. Ich schaute in den Himmel. Es sah so friedlich aus dort oben. Niemand sonst war in der Nähe, und ich wurde nicht von den Gedanken oder Worten anderer überschwemmt, nur von meinen eigenen. Ich atmete tief die frische Luft ein, und Erleichterung überkam mich wie in Zeitlupe. Die Anspannung ließ mich hinter sich und gab Ruhe und Frieden Raum. Das Schloss wollte mir nicht aus dem Kopf, und all die Erinnerungen an eine Kindheit, die nicht meine war – dann aber auch doch – überfluteten mich. All die glücklichen Momente, all die schmerzhaften. Da war nicht nur eine bestimmte Erinnerung, die diese Empfindungen zurückbrachte, es war viel mehr.

Den Abend zuvor hatte ich mit aufgeregter Recherche verbracht. Das Internet war ein riesiger Fundus zu Sisi. Da war irgendwo ein bisschen von mir drin, dachte ich, als ich all die Bilder betrachtete. Sie war mir vertraut, die Art, wie sie lächelte.

Sehr schnell bestätigten sich meine Tagträume. Erstaunt stellte ich fest, dass Sisi für ihr Leben gerne gemalt hatte. Nicht nur, dass dieses Bild in meinem Kopf immer wieder auftauchte – es war auch die stärkste Parallele zu meinem jetzigen Leben. Ich war begeistert, auch wenn ich wusste, dass dies kein grundlegender Beweis sein musste, fragte mich aber gleichzeitig, ob es nicht noch ein bisschen mehr sein könnte.

Natürlich konnte ich den Einwand nicht ignorieren, dass dies nicht die konkreten Beweise waren, auf die ich gehofft hatte. In meinen Tagträumen malte Sisi auf einem Hocker in der Ecke ihres Schlafzimmers und sah ihr Bild gelegentlich mit neugierigen und bewundernden Augen an. Ein Blick, der mir irgendwie vertraut war. Und ich fragte mich, ob es noch andere Dinge gab, die sie mit mir gemeinsam haben könnte. Ich dachte zurück, wie anders mein Leben sich angefühlt hatte. Dass nichts real schien. Und ich fragte mich, ob es in Sisis Schlafzimmer ein Gemälde gab, das ich mit meinem Leben verbinden könnte.

Nun war ich also hier. Und hatte ich eine Bestätigung für Grits Vermutung gefunden? Die Antwort darauf fiel mir schwer, war es doch mein Herz, das unentwegt flüsterte: »Ja!«

Ich wusste nicht, wie lange ich so versunken gesessen hatte. Plötzlich stellte ich mit Erschrecken fest, dass es schon anfing, dunkel zu werden. Unruhig, weil ich immer noch keine wirklichen Antworten gefunden hatte, fuhr ich nach Hause, während die Dunkelheit sich über die Stadt senkte.

»Ich kann keine Antworten finden«, sagte ich laut zu mir selbst, meine Stimme voller Anspannung. Ein Durcheinander von Erinnerungen brandete in meinen Kopf wie eine Welle am Strand.

Die Fahrt war durchzogen von Erinnerungen aus meiner Kindheit, die ich schon längst vergessen hatte. Ich hatte viel Zeit bei meinen Großeltern in Graz verbracht. Ich denke, 1963 war eine gute Zeit, in die ich geboren wurde. Ich wusste sehr früh, dass es für mich nur eine Erfüllung im Leben geben würde: Ich wollte Künstlerin werden. Ich liebte es, zu malen und zu zeichnen. Ich habe immer gezeichnet und nie damit aufgehört. Ich erkannte schon sehr früh, wohin mein Leben mich führen würde: zum Malen. Damit wollte ich meinen Lebensunterhalt verdienen, und so geschah es. All diese Erinnerungen blitzten vor mir auf: an Graz, an meine Großeltern, an meine Kindheit ... Erinnerungen an meinen Vater schoben sich in meinen Kopf, und Trauer erfüllte mein Herz. Er hatte sich vor ein paar Jahren das Leben genommen, um seiner Krankheit zu entfliehen. Ich versuchte, nicht zu viel über diese Erinnerungen nachzudenken, denn sie waren einfach zu schmerzhaft.

Mir wurde sehr bald klar, dass dieser Weg sehr schwierig für mich werden würde, da er sich nie dafür begeistern konnte, dass seine Tochter diesen Weg einschlagen wollte. Er weigerte sich damals sogar, mein Studium der Bildenden Künste zu unterstützen, weil er es für eine Spinnerei hielt. Ich hätte ihm so gerne gezeigt, dass ich meinen Weg gegangen bin und sich meine Träume verwirklicht haben.

Ich war schon immer ein unabhängiges Mädchen, aber mit ein wenig Unterstützung wäre vieles sicher einfacher gewesen, ohne die Schwierigkeiten, auf die ich während dieser Zeit stieß. Ich sagte mir beständig, dass »nichts unmöglich ist, wenn ich es nur stark genug will«. Das war meine Philosophie, und sie hat mir in diesen herausfordernden Zeiten geholfen, in denen nichts nach meinen Wünschen zu laufen schien. Ich hatte schon immer eine sehr lebhafte Vorstellungskraft und konnte eine erstaunliche Welt in meinem Kopf erschaffen. Ich hatte diese Sehnsucht in mir, mich durch Kunst ausdrücken zu können. Ich wusste, dass es eine schwierige Reise werden würde, dass es hart werden würde, aber nach jeder Hürde kam ein Sieg. Am Ende habe ich es geschafft, als Künstlerin erfolgreich zu sein.

Trotz des Gegenwindes bewarb ich mich damals an der Akademie der Bildenden Künste in Nürnberg. Ich wusste, dass die Chance sehr gering war, einen der 30 begehrten Studienplätze zu bekommen und mich gegen 200 Mitbewerbern durchzusetzen, aber ich wollte es einfach versuchen. Nachdem ich so hart gearbeitet hatte, war die Enttäuschung umso größer, als ich abgelehnt wurde. Den Traum gab ich aber nie auf und holte das Studium später mit 34 Jahren nach. Aufgeben war nie eine Option für mich. Ich habe gelernt, dass ich einen Traum nie loslassen darf und dass es keinen Sinn macht, Angst vor Konkurrenz zu haben, wenn man eine echte Leidenschaft für etwas hat. Um erfolgreich zu sein, muss man mutig genug sein, sich mit anderen zu messen. Man muss auch mutig genug sein, die Wahrheit zu finden, selbst wenn sie noch so unglaublich ist.

2. Kapitel

Nach einer langen kreativen Phase war ich sehr stolz auf mich selbst. Ich hatte meine letzte Arbeit gerade abgeschlossen, und als Belohnung für mich selbst beschloss ich, mir endlich mal wieder einen Urlaub zu gönnen. Ich dachte, nach all der harten Arbeit eine Auszeit verdient zu haben. Meine Mutter hatte schon seit längerer Zeit versucht, mich dazu zu überreden, doch jetzt schien es auch mir an der Zeit. Also plante ich, sie zu unserer Familien-Finca nach Mallorca mitzunehmen. Es war schön zu sehen, wie meine Mutter mich anstrahlte, als ich ihr mit ihr über mein Vorhaben sprach. Ich wollte sie gerne bei mir haben, und sie war begeistert von der Idee.

Es war ein wenig wie der Ruf meiner Seele, die mich zu einem Ortswechsel aufrief, damit neue Gedanken und Ideen, aber auch Erinnerungen in mein Bewusstsein einsickern konnten. Wir alle nehmen diese Botschaften hin und wieder wahr, doch im Stress des Alltags überhören wir sie und versäumen, die Magie des Lebens in vollen Zügen auszukosten. Vielleicht fällt es mir als Künstlerin leichter, diese Botschaften zu empfangen, weil sie der gleichen Quelle entspringen wie unsere Kreativität.

Ich freute mich sehr auf diese Reise und beschloss, einen Flug zu buchen. Ich machte Packlisten, checkte online ein und ging dann zum Check-in am Flughafen. Es war alles so aufregend! Ich konnte es kaum erwarten, an den Ort zurückzukehren, an dem ich mich so wohl fühlte. Diese Insel hat mir immer schon sehr gutgetan, und ich liebe die Menschen, die Kultur und das mediterrane Klima. Und ich war froh, endlich wieder Zeit mit meiner Mutter zu verbringen.

Ich freute mich auch auf den Flug. Ich wollte die Freiheit des Fliegens genießen und war aufgeregt, sogar beschwingt. Es gab so vieles, worauf ich mich freuen konnte. Wir kamen pünktlich am Flughafen an und waren deshalb entspannt. Bevor es losging, wollte ich unbedingt noch etwas essen, aber das Einzige, wofür ich vor dem Einsteigen Zeit hatte, war ein kleiner Snack. Ich kaufte also ein paar Erdnüsse und steckte sie in meine Tasche, um sie während des Fluges zu genießen.

Dieser Urlaub war für mich etwas ganz Besonderes. Die ganze Zeit über hatte ich schon im Voraus geplant, was ich alles unternehmen wollte, und konnte es kaum erwarten, endlich loszufliegen.

Am Check-in-Schalter stellte ich fest, dass die Schlange relativ lang war. Aber ich hatte keine Eile und wartete geduldig, bis ich an der Reihe war. Die Dame am Schalter kontrollierte unsere Tickets und sagte mir, dass alles in Ordnung sei. Sie wünschte uns einen schönen Urlaub, und kurz darauf saßen wir im Flugzeug. Auf dem Weg zu meinem Platz bemerkte ich eine andere Frau mit einer großen Tasche, die versuchte, sich ihren Weg durch den Gang zu bahnen. Es war ziemlich voll, sodass sie nicht einfach durchkommen konnte. Ich sah einige Minuten lang zu, wie sie ein paar Leute höflich fragte, ob sie ihr helfen könnten, ihr Gepäck zu schieben, und versuchte es dann selbst. Nach einiger Anstrengung erreichte ich endlich meinen Platz.

Der Flug hatte etwas Verspätung, aber auch das störte mich nicht weiter. Ich hatte genug Zeit gehabt, um mich auf die Reise vorzubereiten, und die Aussicht auf eine erholsame Woche am Strand ließ alle Sorgen vergessen. Als der Pilot durchsagte, dass wir bald abheben würden, bereiteten sich einige der Passagiere bereits vor und machten Fotos von sich und dem Rollfeld. Andere unterhielten sich lautstark über ihre Pläne für die Ferien. In dem ganzen Trubel schaltete ich meinen iPod ein und lehnte mich entspannt in meinem Sitz zurück. Endlich saßen alle auf ihren Plätzen, und die Flugbegleiterin bahnte sich ihren Weg durch unseren Gang, lächelte mich an und sagte:

»Ich freue mich, Sie hier zu sehen. Willkommen an Bord.«

Ich lächelte zurück und winkte kurz, als sie vorbeiging. Dann schloss ich die Augen und lauschte der Musik, während wir uns in den Himmel erhoben ... Nach einer Weile öffnete ich die Augen wieder und genoss die Aussicht auf die Stadt. Es war so anders als das, was ich je zuvor gesehen hatte. Ich konnte alle Farben und Formen meilenweit von oben sehen, als wir darüber flogen. Ich war glücklich, dass ich mich für einen Fensterplatz entschieden hatte.

Unserem Piloten war ein sehr sanfter Start gelungen, und jetzt ließ das Flugzeug nichts als blauen Himmel und

Wolken unter sich. Ich wandte mich wieder meinem iPod zu und begann, Musik zu streamen. Von meinem Platz aus konnte ich alles rund um das Flugzeug sehen. Unsere Flugbegleiterin war äußerst freundlich, und als sie mit Getränken für die Passagiere den Gang hinunterkam, lächelte sie von einem Ohr zum anderen.

Der Airbus begann seinen Abstieg zum Airport. Bald waren wir da! Die Sonne schien über der Insel, als wir aus dem Flughafengebäude traten und uns in die Ferien stürzten! Immer aufs Neue verliebte ich mich in die Schönheit dieser Insel. Für die meisten Menschen bedeutet Mallorca Party und Ballermann, doch wer die Insel genau kennt, weiß um ihre wildromantischen Seiten, ihre atemberaubende Natur, die sanft geschwungenen Hügel und abgelegenen Strände. Alles leuchtet so grün, und ich liebe die alte spanische Architektur.

Dann fanden wir unseren Shuttle, der uns zu unserer Finca bringen würde – ein wunderschöner Ort! Das Haus war geräumig, und mein Lieblingszimmer lag im obersten Stockwerk. Mein Bett war bequem, und eine kühle Brise kam durch mein Fenster. Das Haus war mit ansprechender spanischer Einrichtung gefüllt.

Wir packten aus und machten uns dann in Richtung Meer auf. Wieder einmal zeigte sich mir, warum diese Insel wegen ihrer entspannenden Strände und ihrer vielfältigen Wassersportarten, aber auch bei Naturliebhabern bis heute so beliebt ist. Am Strand, an dem wir gerade vorbeikamen, spielten viele Leute in den Wellen. Ich lächelte einen Mann an, und er lächelte von seinem Surfbrett aus zurück, bevor er wieder auf sein Brett sprang, um weiter die Wellen zu reiten.

An diesem Abend beschloss ich, mit meiner Mutter auszugehen und Mallorca zu erkunden. Wir wollten die beliebtesten und schönsten Flecken der Insel sehen und gingen einen Steinweg hinunter zu einer Reihe von Geschäften, die Souvenirs, Kleidung und Schmuck verkauften. Es waren so viele schöne Sachen dabei! Ich war versucht, alles in Sichtweite zu kaufen! Aber schon nach ein paar Minuten befanden wir uns auf dem Weg zu einem der erstaunlichsten Restaurants. Die Terrasse bot einen wunderschönen Blick auf das Wasser, die Sonne ging gerade unter. Der Kellner brachte uns ein paar Tapas, und wir genossen es. Das Essen war unglaublich! So gut, dass wir keinen Platz für den Nachtisch mehr hatten.

Zum Abschluss des Abends machten meine Mutter und ich einen Spaziergang durch die Stadt, um uns umzusehen, was es noch so gab. Es gab viele Geschäfte, aber auch viele Leute, die sich amüsierten. Wir sahen einer Gruppe von Leuten auf dem Platz vor dem Restaurant, in dem wir zuvor gegessen hatten, beim Fußballspiel zu. Einfach toll! Wir konnten unseren Spaziergang in Ruhe genießen, ohne von irgendjemandem abgelenkt zu werden.

Der nächste Tag war ähnlich, nur etwas mehr – entspannen, durch die Stadt schlendern und Mallorca genießen!

Während dieser Tage in der Ruhe und Abgeschiedenheit unserer Finca auf Mallorca konnte ich die Geschichte in meinem Kopf nicht länger unterdrücken. Dabei befiel mich auch eine gewisse Unsicherheit, denn ich wusste, dass ich mit meiner Mutter darüber sprechen wollte – aber wie? Sie ist eine weltoffene Frau, aber ich hatte

Angst, sie würde mich nicht ernst nehmen. Dennoch beschloss ich, mich ihr anzuvertrauen, und begann das Gespräch über einen Umweg:

»Ich will ehrlich zu dir sein«, sagte ich. »Ich habe in letzter Zeit viel über die Vergangenheit nachgedacht und darüber, wie viel ich nicht darüber weiß.«

Sie lächelte mich ermutigend an, und mein Herz schlug sofort schneller. Dann fragte ich sie: »Mama, was ist deiner Meinung nach das Schlimmste, was einem Menschen passieren kann?«

Sie antwortete prompt: »Ich denke, es ist schrecklich, wenn man unglücklich ist.«

Ich nickte und fuhr fort: »Und glaubst du, dass es auch schrecklich ist, wenn man sterben muss?«

Sie sah mich lange an und sagte dann leise: »Ja, natürlich.«

Wieder stimmte ich ihr zu und ergänzte: »Dann denk doch bitte einmal darüber nach, wie es wäre, wenn dir bewusst werden würde, dass du schon einmal gelebt hast.«

Sie schwieg.

»Denk darüber nach«, sagte ich noch einmal. »Wenn dir gesagt würde, dass du schon einmal gelebt hast, ein anderes Leben in der Vergangenheit, wie würdest du dich fühlen? Was würde dann passieren?« Ich warf ihr einen kurzen Blick zu. Ihr Gesicht war vor Aufregung und Erwartung gerötet, ihr Mund öffnete sich, als wollte sie etwas sagen, aber plötzlich schüttelte sie den Kopf und sagte: »Ich glaube, ich würde erst einmal an mir selbst zweifeln und mich fragen, was wahr ist und was nicht. Ich weiß es einfach nicht.«

»Gut« sagte ich. »Ich bin froh, dass du ehrlich bist.« Und dann fuhr ich fort: »Unser Leben ist wie ein Schachspiel. Es gibt unendlich viele Möglichkeiten und verschiedene Züge, aber am Ende gibt es nur ein Ergebnis. Wir bleiben immer dieselbe Seele. In verschiedenen Körpern, in verschiedenen Leben, aber immer doch dieselbe. Das ist schon merkwürdig.«

»Ich weiß nicht«, sagte sie und schüttelte den Kopf. »Ich weiß es einfach nicht.«

Wir schwiegen eine Weile, als wenn sich das Gesagte erst ein wenig setzen müsste, bevor ich den Mut fand, endlich auszusprechen, was ich eigentlich sagen wollte.

»Grit denkt, dass ich schon einmal gelebt habe und hat auch herausgefunden, wer ich in meinem früheren Leben war.«

Meine Mutter lächelte, und bevor ich noch weiter erklären konnte, was meine Freundin herausgefunden hatte, sah sie mich an und sagte: »Ich wusste, dass du kein normales kleines Mädchen bist. Du bist die Sisi.«

Ich war kurz sprachlos vor Verblüffung, fragte dann aber nach: »Seit wann weißt du das?«

Meine Mutter antwortete lachend: »Du hast mich so wütend angesehen, aber es waren deine Augen, die mein Herz zum Stillstand gebracht haben. Du siehst ihr in bestimmten Situationen so ähnlich. Deshalb hatte ich immer so ein bestimmtes Gefühl, aber ich dachte auch, dass du selbst darauf kommen musstest, bevor ich etwas sage.«

Ich war immer noch irritiert. »Du wusstest ...?«, fragte ich und fügte endlich die Teile zusammen.

»Ich wusste, dass du Sisi bist. Ich hatte einfach so ein Gefühl. Ich kann es nicht beschreiben. Es ist so ein tiefes Wissen, ein Seelenwissen, wie es Mütter eben manchmal haben.«

»Warum hast du es mir nicht gesagt?«, fragte ich erstaunt.

»Wie soll man so etwas seinem Kind sagen, ohne es zu verwirren? Ist es nicht die oberste Pflicht einer Mutter, den Lebensweg eines Kindes nicht mit solchen Vorausschauen zu überschatten? Sisis Leben nahm ja nun kein glückliches Ende, sie war ein zerrissener, getriebener Mensch. Dieses Schicksal wollte ich dir nicht aufbürden oder dich ermuntern, ihr nachzustreben. Du weißt, wie empfänglich Kinder sind, und du warst ohnehin schon immer sehr empfindsam.«

»Seltsam ist es in jedem Fall«, sagte ich. »Vor allem, dass du und Grit darin übereinstimmen.«

»Wie geht es dir damit? Beunruhigt es dich?« Meine Mutter sah mich mit dem typisch forschenden Blick an, den Mütter auch dann nicht ablegen, wenn ihre Kinder längst erwachsen sind.

»Nein«, sagte ich. »Auf gewisse Weise erleichtert es mich. Als hätte ich eine Antwort auf eine Frage gefunden, von der ich gar nicht wusste, dass ich sie mir gestellt hatte.«

Meine Mutter lächelte. »Ich bin froh, dass wir diese Zeit hier zusammen verbringen«, sagte sie. Sie nahm meine Hand. »Ich habe mich gefragt, ob du dich ein wenig einsam fühlst.«

Ich sage: »Nein, überhaupt nicht. Ich bin sehr gerne mit dir zusammen.«

Ich wusste, dass meine Mutter mich verstand und immer für mich da war.

Plötzlich durchströmte mich eine tiefe Traurigkeit darüber, dass ich ihr viel zu selten gesagt hatte, wie wichtig sie mir eigentlich war.

Die Hände meiner Mutter waren immer warm und sanft, wenn sie mich hielt. Als sie anfing, mir Geschichten zu erzählen, war ich dankbar, endlich meine Gefühle mit ihr teilen zu können. Mir ist klar, dass sich meine Mutter seit dem Tod meines Vaters einsam gewesen sein musste. Sie kämpfte mit all den Erinnerungen und Gedanken, die mit dem Verlust eines geliebten Menschen einhergehen. Ich konnte ihr in dieser schwierigen Zeit helfen, indem ich sie wissen ließ, wie viel sie mir bedeutete, obwohl mein Vater nicht mehr da war.

Wir saßen beide eine Weile Händchen haltend da – ein gutes Gefühl, ein Gefühl von Sicherheit.

Ich fragte mich, warum meine Mutter so überzeugt sein konnte, ich sei Sisi. Irgendetwas in mir rumorte noch, brauchte noch mehr Antworten. Ich wusste nicht, was ich davon halten sollte. Wusste sie etwas über mich, was sonst niemand wusste? Aber ich verlangte danach, es zu wissen. Wenn meine Mutter etwas so Wichtiges über mich wusste, dann sollte sie es mir jetzt sagen.

»Mama«, begann ich, »warum denkst du, ich bin Sisi?« Mein Herz begann ein wenig schneller zu schlagen, der Raum schien sich um mich herum zu neigen. Wie immer, wenn wir uns den ganz tiefen Wahrheiten über uns selbst annähern, überkommen uns gleichermaßen Furcht und Aufregung, und genau dieses Gefühl übermannte mich jetzt im roten Schein der Abendsonne Mallorcas.

Was, wenn sie nicht antworten konnte? Was wäre, wenn niemand eine Antwort hätte? Was wäre, wenn …

»Nun« sagte sie leise, »ich weiß es nicht wirklich.«

Ihre Antwort enttäuschte mich. Ich hatte auf Fakten gehofft, die ich überprüfen konnte, um endlich den Beweis für das zu finden, was ich tief in meinem Inneren doch schon wusste.

»Ich weiß nicht«, sagte sie noch einmal. »Ich weiß nicht, wie ich es dir erklären kann, damit du es verstehst.«

Wieder war da dieses Schweigen zwischen uns, ein paar Atemzüge nur, während irgendwo in der Nähe das Meer mit immer neuen Wellen gegen die Klippen schlug.

»Ich denke nur …«, begann sie wieder, dann hielt sie inne. »Hör zu, Schatz«, fuhr sie mit sanfter, aber fester Stimme fort. »Ich weiß es, oder besser: Es war ein Eindruck, der sich im Verlauf der Jahre immer weiter verstärkt hat.«

»Was hat diesen Eindruck verstärkt?«, fragte ich und versuchte, meine Stimme ruhig zu halten, obwohl sich mein Herz anfühlte, als wollte es platzen.

»Deine immer größere Ähnlichkeit mit Sisi.«

Es dauerte ein paar Minuten, bis die Informationen eingesickert waren und ich sie verdauen konnte. Dann sagte ich: »Du meinst, dass ich ihr äußerlich immer mehr ähnle?« Meine Mutter nickte.

»Und das hat dir nicht gefallen?« Ich ahnte, dass mir meine wachsende Verwirrung ins Gesicht geschrieben stand.

»Ich habe es geliebt«, sagte sie. »Aber ich konnte nicht umhin, mich zu fragen –« Sie hielt wieder inne. Wieder fühlte sich mein Herz an, als sei es kurz vorm Platzen. Die Tränen, die sich während unseres Gesprächs gesammelt hatten, liefen mir jetzt über die Wangen und tropften auf den Boden.

»Was hast du dich gefragt?«, fragte ich mit dünner Stimme.

Sie antwortete vorsichtig: »Das es vielleicht auch bedeuten könnte, dass du kein ganz normales Leben führen würdest. Welche Mutter möchte das für ihr Kind? Ich habe mich gefragt, warum du anfängst, genauso auszusehen wie sie.«

»Ich weiß es nicht«, sagte ich. Ich spürte, wie das Blut aus meinem Kopf schoss und meine Beine zu Wackelpudding wurden. Ich verstand, warum sie als Mutter nicht wollte, dass aus ihrem Kind vielleicht eine Persönlichkeit mit einem schwierigen Leben werden könnte, und die Angst, welche Einflüsse dies auf dieses Leben nehmen könnte.

»Ich habe genug Bücher darüber gelesen«, fuhr sie fort, »wie das Gedächtnis uns Streiche spielen kann und uns an Dinge erinnern lässt, die nie wirklich passiert sind. Deshalb hoffte ich immer wieder, dass ich mir das alles nur einbildete, vielleicht alles nur ein Zufall war, was ich an dir beobachtete.« Sie sah mich nachdenklich an: »Aber wir wissen beide, dass es keine Einbildung ist.

Ob es mir gefällt oder nicht. Du bist und bleibst meine Tochter, egal wer du in deinem früheren Leben warst.«

»Ich weiß«, sagte ich. »Aber ich verstehe jetzt auch, dass es Angst machen kann.«

Sie nickte und lächelte. »Ja, das war so und ist es immer noch.«

Nur selten hatte ich mich meiner Mutter so verbunden, so verstanden gefühlt wie in diesem Augenblick. Ich war erstaunt, dass sie so tolerant mit meinem Geständnis umgegangen war. Im Gegensatz zu Grit, die eigentlich ein spiritueller Mensch war, hatte ich mich nie zuvor mit dem Thema Reinkarnation auseinandergesetzt. Grit war immer offen für dieses Thema gewesen und hatte offen über frühere Leben gesprochen, aber ich hatte es nie für notwendig gehalten, mich mit diesem Thema zu beschäftigen. Ein Leben war mehr als genug für mich. Ich klammerte mich immer noch an die Idee, dass das, was da mir passierte, nur ein Hirngespinst war. Erst als dieser Strom an Erinnerungen auf mich einwirkte, begann ich ernsthaft zu bezweifeln, dass es sich um reine Fantasien handelte, und akzeptierte es schließlich als etwas mehr als nur einen Traum oder eine andere einmalige Sache. Ich denke, es lag an meiner eigenen Verunsicherung, dass ich mich meiner Mutter einfach anvertrauen musste. Sie hatte viel durchmachen müssen. Sie hatte ihren Mann verloren und musste sich über Jahre mit dem Gedanken quälen, dass mein Vater sich das Leben genommen hatte. Sie war mit diesem Schmerz fertig geworden, es war ihr gelungen, ihn zu überwinden und dennoch mütterlich zu bleiben.

»Es ist okay ...«, sagte sie und streichelte sanft mein Haar. »Ich bin stolz, dass du stark genug bist, um darüber zu reden.« Ich kuschelte mich an sie. Es fühlte sich an, als könne ich zum ersten Mal etwas ganz Besonderes mit meiner Mutter teilen. Sie war immer für mich dagewesen, aber diesmal war es anders. Jetzt endlich könnte ich mich ihr öffnen, ihr von den Dingen erzählen, die danach drängten, gesagt zu werden.

Jetzt fühlte ich mich mit etwas Großem, Bedeutsamen verbunden, jetzt war ich mir sicher, dass mein Leben einen anderen Sinn bekam. Aber nicht nur die Welt hatte sich für mich verändert. Ich musste diese andere Person näher kennenlernen, nicht nur für die anderen, sondern für mich selbst. Wenn ich in der Lage sein sollte, Sinn und Glück in mein Leben zu bringen, dann musste ich einen Weg finden, auch mein vergangenes Leben zu verstehen. Ich wusste, dass dies ein lange Reise sein würde, aber es war eine, zu der ich unbedingt aufbrechen wollte. Für mich schien es die wichtigste Sache zu sein, die ich je in meinem Leben unternommen hatte, was dem Ganzen eine gewisse Atemlosigkeit verlieh. Ich hatte die Chance, meine Lebensperspektive zu verändern. Ich hatte in letzter Zeit viel darüber nachgedacht. Ich musste Licht in meine eigene Lebensgeschichte, die Vergangenheit meines früheren Lebens bringen, um zu verstehen, wie ich hierhergekommen war, dorthin, wo ich jetzt war. Es war nicht nur eine Geschichte, es war mein Leben, und es machte mich jetzt glücklich. Also musste ich ehrlich zu mir und anderen sein. Ich musste meiner

Vergangenheit, meinem früheren Leben eine Stimme geben und mich nicht dafür schämen. Ich musste mich an das Gute und das Schlechte erinnern, damit ich mit meinem jetzigen Leben weitermachen konnte.

Manchmal spült das Leben uns mit seinen großen und kleinen Wellen an unbekannte Ufer, und dann bleibt uns nichts anderes übrig, als das fremde Terrain zu erkunden, Entdecker unserer selbst zu werden, ohne uns vor den unbequemen oder großen Wahrheiten zu fürchten. Sie sind die wahren Monster, die unter unseren Betten lauern und darauf warten, über uns herzufallen, uns zu verschlingen und uns dann als neue, alte Menschen wieder auszuspucken. Neu, weil all das, was uns blockiert, was uns fremd ist, was auf uns aufgetragen wurde wie Farbschichten, abgeblättert ist und alt, weil wir in den unverwechselbaren Farben unserer unsterblichen Seele schimmern, funkeln und leuchten, die auf dem Rad der Zeit durch dieses gewaltige Mysterium namens Leben reist.

Ich wusste nicht, wie es passieren würde, aber ich würde diese Reise beginnen, mit einer neuen Perspektive. Niemand sonst würde meine Geschichte in Worte fassen können, aber ich würde versuchen, dies für mich selbst zu tun. Ich ahnte, dass es nicht leicht war, mit diesen Gedanken umzugehen. Wie würde mein Umfeld damit umgehen, dass ich in meinem früheren Leben Sisi war? Sisi, die Kaiserin von Österreich. Es war nicht nur eine Geschichte, es war mein Leben, und es machte mich jetzt glücklich. Also musste ich ehrlich zu mir sein.

Wenn ich erzählen würde, in einem früheren Leben Sisi gewesen zu sein, so dachte ich, dass viele meiner Freunde und Bekannten mich für verrückt halten würden. Aber es gab auch Menschen, die an Reinkarnation glaubten und die meine Geschichte interessant finden würden. Sie würden mich sicherlich neugierig nach meinen Erlebnissen und Erfahrungen in dem Leben als Kaiserin von Österreich fragen. Natürlich gäbe es auch einige, die meine Geschichte für einen Scherz oder eine Lüge halten würden. Aber ich spürte, dass es die Wahrheit war, und ich musste damit umgehen.

Es gehört zum Wesen der Wahrheit, dass sie weder gut noch schlecht ist, sie ist einfach, und wir alle tragen in uns einen Sinn, der nur dazu da ist, diese Wahrheit zu erkennen, auch wenn wir nicht in Worte fassen können, was sie zu einer Wahrheit macht. Es ist ein Schwingen in uns, eine Resonanz, wenn sich unsere ureigene Frequenz mit der der Wahrheit verbindet, die außerhalb der Zeit steht und doch auf uns wirkt.

Selbstverständlich befürchtete ich auch, man könnte mich für überdreht oder größenwahnsinnig halten, doch als Künstlerin waren mir die Reisen in die Grenzbereiche des Normalen vertraut, und ich war bereit, mich mitten in sie hineinzustürzen. Im Subliminalen verbergen sich die wunderbarsten und furchterregendsten Geheimnisse, und nur die wahrhaft Furchtlosen sind bereit, sich ihnen zu stellen. Und furchtlos war ich, oder?

»Ich suche weder Sympathie noch Unterstützung«, sagte ich laut zu mir selbst. »Ich teile nur meine Überzeugung und hoffe, dass andere meine Gewissheit respektieren können. Ich suche keine Sympathie oder Unterstützung, aber ich möchte mit meinen Gedanken respektiert werden.«

Das gute Essen meiner Mutter, der warme Tag und meine Müdigkeit zwangen mich, mich eine Weile hinzulegen. Ich ging in mein Zimmer, und kaum hatte ich mich aufs Bett gelegt, schlief ich auch schon ein. Ich hatte einen Traum, der mich in eine frühe, sehr reale Erinnerung meines jetzigen Lebens zog.

Ich flog mit vier Freundinnen nach Wien, um den Life Ball zu besuchen, eine Charity-Veranstaltung zugunsten Aidskranker, die seit 1993 unter der Schirmherrschaft von Elton John stattfand. Der Life Ball war das größte Event des Jahres in Wien. Er war jedes Jahr das am meisten erwartete Ereignis und stets ein rauschendes Fest mit einzigartigen Eindrücken.

Unsere Vorfreude war dementsprechend, denn wir hatten schon lange auf dieses Ereignis hin gefiebert. In diesem Jahr waren wir stolze Besitzerinnen von exakt fünf Eintrittskarten für diesen legendären Ball. Es war eine bitterkalte Nacht im Mai 2013. Wir schliefen in einem nahegelegenen Cityhotel und konnten bis zum Rathaus, in dem der Ball stattfand, zu Fuß gehen. Ich wusste, dass es etwas ganz Besonderes zu meinem fünfzigsten Geburtstag sein würde. Das Rathaus war randvoll mit Menschen aller Nationalitäten in fantastischen Outfits. Die Stimmung war ausgelassen, die Musik dröhnte ohrenbetäubend aus den Lautsprechern.

Ich erstarrte vor dem Eingang, der zu einem Raum voller glänzender Kronleuchter, verzierter elfenbeinfarbener

Säulen, Samtsofas und wunderschöner Blumen führte. Das war großartig. Auf den ersten Blick schien alles perfekt: all die köstlichen »hors d'oeuvres«, die Champagnerflöten auf einem Tablett vor mir. Es gab sogar einen Eiskübel mit einer Flasche Sekt gleich neben meinem Ellbogen! Ich holte tief Luft und hob das Glas an meine Lippen. Das erste Nippen war eine Enttäuschung, aber nach ein paar Schlucken gewöhnte ich mich an den Geschmack des Champagners. Ich stellte mein Glas ab und sah mich um. Der Raum war voller Gäste, alle redeten laut und lachten.

Ich war so glücklich über die Gelegenheit, mit meinen Freundinnen an dieser Veranstaltung teilzunehmen. Überall, wohin ich schaute, gab es neue und schöne Kuriositäten zu entdecken. Das Maß an Extravaganz war erstaunlich!

»Ich freue mich riesig auf dieses Event! Ich liebe die Farben der Blumen und die wunderbare Dekoration«, sagte ich zu meinen Freundinnen.

Allerdings lauerte da ständig dieses merkwürdige Gefühl im Hintergrund, mich in einer Traumwelt zu bewegen. Das Ganze fühlte sich unwirklich an, ich hätte nicht erklären können, warum, aber es war einfach so. Trotzdem war ich sehr froh, dass wir es geschafft hatten, das mitzuerleben.

Der Abend neigte sich seinem Ende zu, und wir kippten den letzten Drink hinunter. Draußen war es trübselig grau, doch die Energie, die in diesem Ort steckte, war noch lange nicht versiegt. Ich fühlte mich, als würde ich diesen Abend in einem Film sehen und war beschwipst, heiter und unendlich aufgeregt. Wir gingen zurück ins Hotel und setzten uns noch einige Minuten zusammen, um den Abend gemeinsam ausklingen zu lassen. Als ich endlich in die weichen Kissen meines Hotelbettes fiel, dämmerte bereits der Morgen – doch ich schlief tief und fest und fiel in einen wunderbaren Traum, in dem ich auf einer Party tanzte und Spaß hatte. Wie eine kleine Erinnerung an eine wundervolle Nacht.

Ich war wieder in der riesigen Halle, bestaunte die aufwendige Dekoration, hörte das laute Gemurmel der vielen Gäste, und plötzlich schien sich die Situation zu verändern. Wie in einem Theaterstück, in dem das Bühnenbild wechselt. Plötzlich war es, als gerate das Fest in eine veränderte Situation, und ich fühlte mich völlig verloren. Ich ging in den Zimmern ein und aus und suchte nach meinen Freundinnen, aber ich sah sie nicht mehr.

Mir wurde sofort klar, dass ich nicht hierhergehörte. Ich trug ein Kleid, von dem ich wusste, dass ich es noch nie zuvor gesehen hatte. Es sah seltsam aus und fühlte sich merkwürdig an. Die anderen Menschen im Raum wirkten genauso wie ich, und doch schienen sie es ihnen nicht aufzufallen. Ich wandte mich um und bemerkte, dass die ganze Umgebung sich verändert hatte. Ich war noch in derselben Halle, aber alles sah jetzt völlig anders aus. Die Wände waren mit verschnörkelten Tapeten veredelt, die Möbel wirkten viel massiver und teurer. Die Musik spielte immer noch, aber es war eine andere Art von Musik. Ich blickte zurück auf die Tanzfläche und sah, dass sich alle Paare jetzt langsam im Walzerschritt bewegten. Niemand schien mich zu beachten oder etwas Ungewöhnliches an mir zu finden. Vielleicht war es gar nicht so ungewöhnlich hier? Ich beschloss, mich der Situation anzupassen, und lächelte tapfer. In einer Ecke spielte leise ein Flügel, und ich hörte Musik aus einem anderen Raum. Die anderen Paare schienen alle Kleider genau wie das meine zu tragen, und einige trugen auch seltsame Hüte. Es war niemand um mich herum, außer verschwommene Formen, die sich langsam durch den Raum bewegten, und ich begann, mich wegen meines Aussehens sehr unwohl und ängstlich zu fühlen. Es war, als würde ich verrückt werden. Ich begriff allmählich, dass all die Halluzinationen nicht nur Hirngespinste waren und tatsächlich vorhanden waren, sondern sie passierten jemand anderem. Mir wurde schwindelig, und ich musste mich an die Wand lehnen. Was war los? Schräg gegenüber sah ich einen riesigen Spiegel, aus dem mich eine junge Frau ansah. Wie ein Blitz durchzuckten meinen Kopf all die Erinnerungen, wie ein Bombenhagel prasselten sie auf mich ein. Ich erkannte sie. Ich erkannte mich …

Ich war unglaublich aufgeregt an jenem Abend! In der vornehmen Gesellschaft, in der ich mich befand, konnte ich meinen Augen kaum trauen. Die Frauen trugen die edelsten Roben, und ihre Frisuren waren umwerfend! Es gab so viele schöne Frauen mit grandiosen Frisuren, dass ich immer wieder glaubte, mich in einem Traum zu bewegen. Oder war es doch die Wirklichkeit, und ich befand mich tatsächlich in einer raffinierten und eleganten Gesellschaft?

Die aufwendig gearbeiteten Kleider der Frauen faszinierten mich. Ich erkannte Seide und Samt in hellen, lebhaften Farben. Die Röcke reichten bis zum Boden, waren mit Stoffbändern am Körper befestigt und hatten vereinzelt lange Schleppen. Die langen, weit geschnitten Ärmel waren an den Enden mit Spitze besetzt. Fasziniert von der Schönheit der Frauen und dem Glanz der Umgebung beobachtete ich sie eine Weile. In dieser Welt schien alles perfekt zu sein: Die Menschen waren freundlich und höflich zueinander, ich fühlte mich willkommen.

Die Musik rief in mir eine tiefe Erinnerung wach, die ich mit Brahms in Verbindung brachte. Romantische und klassische Klänge ließen mich an einen Mann denken, den ich einst getroffen hatte. Seine Kultiviertheit, seine Art und sein Charisma hatten mich so beeindruckt, dass ich mich jetzt wieder an alles erinnerte. In diesem Augenblick fühlte ich mich von Emotionen überflutet, mein Herz begann schneller zu schlagen.

Ich konnte mich noch an den Tag erinnern, als ich Franz Joseph traf. Zweit Tage zuvor war ich in Bad Ischl angekommen und hatte sofort bemerkt, dass die Atmosphäre dort anders war. Die ganze Stadt schien aufgeregt und voller Spannung — offensichtlich wegen der bevorstehenden Ankunft wichtiger Gäste. Überall herrschte eine ausgelassene und freudige Stimmung. Bei einem Spaziergang traf ich ihn zum ersten Mal. Er sah genauso aus, wie ich es mir vorgestellt hatte: stattlich, elegant und attraktiv. Wir unterhielten uns kurz, und ich war sofort beeindruckt von seiner Weltgewandtheit. Es war Liebe auf den ersten Blick.

Ich hatte nicht damit gerechnet, mich mit 15 in jemanden zu verlieben. Ausgerechnet in Franz Joseph, den Kaiser von Österreich! Aber das Schicksal wollte es so. Diese Liebe zog mich in ihren Bann, und ich wusste sofort, dass er der Richtige für mich war. Ich hatte mir meine Zeit hier anders vorgestellt. Mit 15 durfte man sich doch nicht in den Kaiser von Österreich verlieben, oder? Ich war Sisi, und er war Franz Joseph. Er sollte meine Schwester heiraten, verliebte sich aber stattdessen in mich. Das hatte ich keineswegs geplant, und jetzt war ICH diejenige, die traurig war. Der Kaiser liebte mich auch — aber es konnte, durfte einfach nicht sein!

Ich stand mit dem Rücken zur Wand und schloss die Augen. Wie ein sich lichtender Nebel füllten Erinnerungen meinen Kopf. Mein Herz klopfte wie wild, wenn ich an ihn dachte. Meine Schwester, die vor mir den Titel »die richtige Braut« trug, sollte sich in ihn verlieben, und sie war dazu bestimmt, ihn zu heiraten. Ich wollte ihr doch nicht weh tun! Dennoch traf es mich wie ein Blitz, und ich musste jetzt erkennen: Ich liebte Franz Joseph! Aber was sollte ich nun tun? Ich hörte im Nebenzimmer meine Mutter, meine Schwester Helene, die ich nur Nene nannte, und Franz' Mutter fröhlich miteinander plaudern. Sie schienen alle aufgeregt zu sein — aber ich fühlte mich wie eine Verräterin an meiner eigenen Schwester. Sie vertraute mir so sehr! Und nun war ich hier, in diesem Augenblick, wo alles auf dem Spiel stand ... Da öffnete sich die Tür des Nebenzimmers, und ich fuhr erschrocken herum. Da stand er — Franz Joseph — in der Tür, sah mich mit großen Augen an, und da wusste ich: Er würde alles tun, um mich zu bekommen ...

Die Vermählung zwischen meiner Schwester und Franz Joseph war von unserer Mutter und der Erzherzogin Sophie, der Mutter des Kaisers, geplant worden, um die Dynastie der Habsburger zu sichern. Meine Schwester Helena, die ältere Tochter, galt mit ihren 18 Jahren als ideal für einen royalen Ehepartner. Sie war fromm und sittsam und erfüllte genau die Anforderungen, die an eine habsburgische Prinzessin gestellt wurden. Ich dagegen war das völlige Gegenteil: ungehorsam und unbelehrbar. Der Wildfang. Nur Franz Joseph sah in mir etwas Besonderes. Seine Worte berührten mich tief in meinem Innersten, und ich erkannte, dass ich nicht allein war.

»Sisi, bitte hör auf, dir Sorgen zu machen. Es ist mir egal, was meine Mutter will. Ich will dich heiraten und weiß, dass du mich auch liebst.«

»Ach, Franz Joseph, natürlich liebe ich dich. Aber es wäre alles so viel einfacher, wenn du kein Kaiser wärst.« Er sah mir tief in die Augen und bemerkte die Angst in meinem Blick – die Angst vor dem Druck, dem ich als Kaiserin ausgesetzt wäre, die Angst, meine Schwester zu enttäuschen, die die eigentliche Braut sein sollte. Aber ich liebte ihn und wusste, dass er der perfekte Mann für mich war – trotz aller Bedenken. Er nahm meine Hände in seine und sagte: »Sisi, bitte werde meine Frau. Ich verspreche, dass ich für immer bei dir sein werde.« Ich blickte in seine Augen und sah die Liebe, die er für mich empfand. Da wurde mir bewusst, dass ich den Rest meines Lebens mit ihm verbringen wollte. Also sagte ich »Ja, ich will.«

Zuhause, an meinem Fenster, hatte ich so oft von der großen Liebe geträumt, von einem Paradies voller Zärtlichkeit und

Sinnlichkeit. Ich liebte es, romantische Gedichte zu lesen, Liebesgedichte, in denen ich mich selbst wiedererkannte und die mich zum Träumen anregten. Manchmal durfte ich sie auch laut vorlesen, wenn meine Mutter bei mir war. Dann lächelte sie immer und meinte, ich solle nicht so viel träumen, sonst würde ich enttäuscht werden. Aber ich wollte nicht aufhören. Die Liebe, von der ich las, war so schön, so perfekt, dass ich sie einfach erleben musste. Ich war sicher, dass es sie gab. Und dann, an einem ganz normalen Tag, traf ich ihn.

An diesem Tag war Franz Josephs Geburtstag, und ich war so froh, dass er einen schönen Tag hatte. Ich wollte ihm seinen besonderen Tag nicht mit meiner traurigen Stimmung verderben. Die ganze Stadt schien hier zu sein, und ich war beeindruckt. Franz Joseph war beliebt, und ich liebte ihn auch. Mein kleines Herz hüpfte vor Freude, obwohl ich wusste, dass es vielleicht nicht schicklich war, solche Empfindungen zu haben. Aber ich konnte nicht anders. Natürlich wusste ich, dass er nicht perfekt war. Aber ich konnte damit leben.

Ich war noch nie so aufgeregt in meinem gesamten Leben. Franz Joseph sah mich mit diesem intensiven Blick an, und ich wusste, dass er mir etwas Wichtiges mitteilen wollte. Dann fasste er sich ein Herz und sagte: »Ich liebe dich, Sisi, und werde nur dich heiraten und sonst niemanden.« Ich konnte kaum glauben, was ich da hörte. Franz Joseph, der Erzherzog von Österreich, liebte mich! Mir stockte der Atem, als mir die Bedeutung seiner Worte klar wurde: Ich würde Kaiserin von Österreich! Es war überwältigend. In den nächsten Tagen sprachen Franz Joseph und ich über unsere Hochzeit und planten alles genauestens. Es sollte die schönste Hochzeit aller Zeiten werden.

Am nächsten Tag konnte ich vor Aufregung kaum schlafen, denn ich hatte verstanden, dass Franz Joseph und ich uns mit diesen Worten verlobt hatten. Es war alles geplant – bis hin zu seinem Smoking. Meine Eltern waren zwar erfreut, kannten aber auch die Konsequenzen: Franz Joseph war Kaiser und viel älter als ich. Sie sagten mir nur, dass er mich tatsächlich lieben musste, um mir einen Antrag zu machen. Daraufhin antwortete ich ihnen, dass ich es genauso empfand und bereit war, mein ganzes Leben mit ihm zu verbringen.

Als ich zurück in meinem geliebten Possi in meiner Kinderstube war, begriff ich erst, was geschehen war. Ich konnte es immer noch kaum glauben, dass der Kaiser sich in mich verliebt hatte und bald heiraten wollte. Ich war aufgeregt und nervös zugleich. Was, wenn ich ihn enttäuschte? Was, wenn ich nicht gut genug war? Aber dann wurde mir bewusst, dass es jetzt zu spät für Bedenken war. Jetzt musste ich es einfach tun und hoffen, dass alles gut werden würde. Also versuchte ich, stark und selbstbewusst zu sein, als ich mein geliebtes Possi und damit meine Kindheit hinter mir ließ.

3. Kapitel

Ich weiß nicht, was mich damals bewogen hat, alles ein wenig vergessen zu wollen. Vielleicht wollte ich einfach nur mein Leben weiterleben und die Erinnerungen an all das, was vielleicht sein könnte, hinter mir lassen. Grit sprach mich zwar ab und zu darauf an, aber ich tat immer so, als würde mich das Thema derzeit nicht beschäftigen. Ich konzentrierte mich auf meine Malerei und versuchte, mich nach Kräften abzulenken. Eines Tages, als ich wieder einmal vor mich hin grübelte, riss mich Grit aus meinen Gedanken. »Was ist los mit dir?«, fragte sie und sah mich dabei eindringlich an. »Du bist in letzter Zeit so abwesend.«

»Ach, es ist nichts«, antwortete ich und wollte mich schon wieder abwenden, doch Grit hielt mich zurück. »Nein«, sagte sie bestimmt. »Ich weiß, dass etwas nicht stimmt. Also raus damit.«

Ich seufzte und gab schließlich nach. »Na gut«, sagte ich und setzte mich zu ihr. »Es ist nur ... Ich denke die ganze Zeit an diese Erinnerungen, die ich hatte, als ich das Bild gemalt habe. Aber ich weiß auch, dass ich mein Leben jetzt und hier leben muss.«

»Ich verstehe dich«, sagte sie leise. »Aber du kannst deine Erinnerungen nicht einfach auslöschen. Sie sind ein Teil von dir.«

Ich seufzte wieder und nickte. »Ich weiß«, sagte ich. »Aber manchmal wünschte ich, ich könnte sie einfach loslassen.«

»Ich glaube, das würde nicht funktionieren «, sagte sie. »Du kannst dich nicht von deinen Erinnerungen abwenden, sie machen dich zu dem, was du bist.«

Ich schwieg eine Weile und starrte auf meine Hände. Dann sah ich wieder zu ihr auf.

»Weißt du«, sagte ich langsam, »manchmal denke ich, vielleicht ist es gar nicht so schlecht, an die Möglichkeit zu denken, dass ich Sisi gewesen sein könnte. Vielleicht hat es ja doch irgendeine Bedeutung. Vielleicht hilft es mir irgendwie, mich selbst besser zu verstehen.«

Sie lächelte leise und nickte. »Ja«, sagte sie sanft. »Vielleicht hast du Recht.«

Wir schwiegen eine Weile und sahen uns an. Dann lächelte sie wieder und stand auf. »Komm«, sagte sie. »Ich glaube, wir sollten jetzt gehen.«

Ich nickte und stand ebenfalls auf. Wir gingen zur Tür und traten hinaus in den sonnigen Tag. Es tat gut, mit jemandem darüber zu sprechen, der mich verstand und mir zuhörte. Ich fühlte mich danach etwas besser und konnte die Gedanken ein wenig ruhen lassen.

Ich musste mich beherrschen, um mich auf das Malen zu konzentrieren. Malen und Schreiben als Reaktion auf diesen Sisi-Verdacht waren intensiver geworden, aber auch sehr anstrengend für mich. Immer wieder diese Gedanken und Fragen, die mein eigener Kopf mir stellte. Inzwischen hatte ich akzeptiert, dass dies ein Teil von mir war und immer bleiben würde. Falls ich Sisi gewesen war, würde ich lernen müssen, damit umzugehen, aber ich musste auch mein Leben weiterleben.

Doch es half alles nichts, sobald ich den Pinsel in die Farbe getaucht und mit meiner Arbeit begonnen hatte, war es, als ob etwas von außerhalb meine Hand kontrollierte – beinahe so, als ob jemand anders durch mich malte und nicht ich selbst. Das Bild, an dem ich arbeitete, sollte vielleicht zeigen, was Sisis Seele empfunden haben könnte, als sie starb, vielleicht könnte es ja helfen, ihre Seele Frieden finden zu lassen?

Als ich fertig war, betrachtete ich das Gesamtwerk und musste feststellen, dass es gelungen war. Mit etwas Abstand sah ich nun deutlich einen Ort des Friedens, der Harmonie und der Liebe. Trotzdem spürte ich immer noch die Verletzbarkeit in dem Bild, genauso hatte Sisi wahrscheinlich auch am Ende Ihres Lebens empfunden. Der Tod ist etwas Natürliches, doch leider oft unvorhersehbar, sowohl für uns, aber auch für eine Kaiserin. Ich hatte in den letzten drei Jahren viele Gedanken und Ideen zu Sisi, und sie brachten eine neue Lebendigkeit hervor, die mich begeisterte weiterzumachen, weiter zu recherchieren. Ein neuer Impuls trieb mich an.

Vielleicht waren es die Gespräche mit Freundinnen und Bekannten über ihre Beziehungsprobleme, oder der Wunsch nach mehr Sinnlichkeit und Weiblichkeit in unserer immer rationaleren Welt – jedenfalls war ich fasziniert von dieser Frau, die auf so unglaubliche Weise lebte und liebte.

Sisi wurde für mich zu einer Art Vorbild: Sie zeigt uns, dass wir unserem Herzen folgen sollen, auch wenn es uns in unbekannte Regionen führt. Dass wir wagen dürfen, unserer Intuition zu vertrauen, und wir uns von den Konventionen des Alltags befreien sollten. Kurzum: Sisi ist eine Frau, die ihr Leben selbstbestimmt lebte – obwohl sie damals unter ständiger Beobachtung stand.

In dem Buch »Elisabeth – Kaiserin wider Willen«, das ich verschlungen habe, nahm ich eine sehr persönliche Perspektive wahr, nämlich meine eigenen Gefühle in den verschiedenen Episoden ihres Lebens. So kann ich mir vorstellen, was in ihr vorging und welche Gedanken sie beschäftigten.

Es war März 2020, in Deutschland herrschte Winterkälte. Die Zeitumstellung an diesem Wochenende war eine willkommene Erinnerung daran, dass der Frühling vor der Tür stand. Um der düsteren Stimmung entgegenzuwirken, unter der ich in der Woche zuvor gelitten hatte, beschloss ich, für ein paar Tage nach Wien zu fahren, um eine dringend benötigte Pause von den Arbeitsverpflichtungen einzulegen.

Ich blinzelte die Schlafsandkörner aus meinen Augen und sah mich in dem großen, weichen Bett um. Die Daunendecke hatte ich bis zu meinem Kinn hochgezogen, ich lag auf der Seite, den Kopf auf einem Kissen. Das Licht des Morgens drang durch die dicken Vorhänge an meinem Fenster und tauchte den Raum in ein sanft rosa-goldenes Licht.

Ich gähnte und streckte mich, bevor ich mich langsam aufsetzte. Dann stand ich auf und ging zum Fenster, um die Vorhänge zurückzuziehen. Ich sog die klare Morgenluft tief in meine Lungen und genoss die Sonne auf meiner Haut. Es war ein so schöner Tag – perfekt für einen langen Spaziergang oder vielleicht sogar eine kleine Reise. Gähnend ging ich in die Küche, machte mir eine Schüssel Müsli zurecht, schnappte mir einen Löffel und setzte mich an die Theke in meiner Küche.

»Was machst du schon so früh hier?«, fragte meine Mutter, als ich in die Küche kam.

»Ich muss nach Wien«, antwortete ich kurz und knapp. »Hm, das ist schön«, sagte sie, ohne näher darauf einzugehen. Ich beobachtete, wie die Cornflakes in der Milch herumwirbelten und das Müsli von meiner Milch durchnässt wurde.

»Hey, was ist los?«, hörte ich meine Mutter sagen.

»Was?«, fragte ich. Ich schaute hinüber und sah, wie sie nach einem Handtuch auf der obersten Schiene des Ofens griff.

»Mich lässt das Thema Sisi einfach nicht los«, erklärte ich ihr jetzt doch. »Ich weiß einfach nicht, wie ich damit umgehen soll. Ich muss nach Wien, um entweder die Bestätigung zu bekommen, dass ich Sisi in meinem früheren Leben war oder ... keine Ahnung.«

» Das ist schön«, wiederholte sie, wandte sich ab und ging zur Spüle, um etwas Geschirr abzuwaschen. Dabei murmelte sie etwas vor sich hin, was ich aber nicht richtig verstand, aber wahrscheinlich war es sowieso nicht von Bedeutung.

Als Kind hatte ich immer Fantasiereisen unternommen und war in Gedanken oft mit Schiffen über den großen Ozean gefahren oder mit Zügen durch Europa gereist – doch dieses Mal sollte es anders sein: Diesmal handelte es sich um eine Reise in die Vergangenheit!

Ich weiß nicht, was genau mich dazu bewogen hatte, aber ich hatte diese Reise beschlossen und plante nun die Fahrt von Nürnberg nach Wien. Mir war, als müsste ich das jetzt tun. Die Reise nach Wien würde mich hoffentlich erkennen lassen, was es mit einem früheren Leben in Wahrheit auf sich hatte.

Ich war gerade dabei, mein Gepäck für die Reise zu packen, als mich plötzlich diese seltsame Ahnung überkam. Es war, als würde mich jemand rufen – aber ich konnte nicht sagen, woher der Ruf kam. Also beschloss ich, ihm zu folgen und herauszufinden, was es damit auf sich hatte.

Ich saß in meinem Abteil der Westbahn nach Wien und schrieb hochkonzentriert. Trotz der holprigen Fahrt ließ ich mich nicht ablenken. Ich beobachtete die Landschaft, die an mir vorbeizog. Die Sonne stand hoch am Himmel und tauchte alles in ein goldenes Licht. Wir fuhren entlang der Donau, kleine Dörfer, Felder und Wälder zogen vorbei. Es war so schön, wie in einer anderen Welt.

Die Westbahn hatte unterwegs eine Reihe kleiner Haltestellen, die »Kleine Stoppen« genannt werden. Jede dieser kleinen Stationen hat etwas Besonderes an sich, und ich spürte jedes Mal, wenn wir anhielten, eine besondere Energie. Ich glaubte, dass an diesem Ort etwas Magisches war – vielleicht war es die romantische Stimmung hier, vielleicht war es auch nur eine sentimentale Idee von mir, aber ich fühlte mich frei und glücklich.

Als ich in Wien ankam, fühlte ich mich sofort wie zu Hause. Die Stadt strahlte etwas Besonderes aus, und mir schien, dass hier irgendetwas auf mich wartete. Ich ging ins Opernhaus und sah mir »Die Fledermaus« von Johann Strauß an. Bei der Musik und den wunderschönen Kostümen überlief mich eine Gänsehaut – es war genau die Art von Inszenierung, die ich so sehr schätzte.

Nach der Vorstellung ging ich noch in ein paar Geschäfte und Restaurants, und alles schien vertraut – als würde ich schon ewig hier leben. In einem Café bestellte ich ein Wiener Schnitzel mit Kartoffelsalat und trank danach eine Wiener Mélange. Als Nachtisch gab es Topfenpalatschinken mit Vanillesoße – mein Lieblingsdessert!

Den Rest des Tages verbrachte ich damit, die Sehenswürdigkeiten der Stadt zu besuchen: den Stephansdom, das Schloss Belvedere, die Hofburg ... Alles faszinierte mich, Wärme durchströmte mich.

Später dann saß ich in meinem Zimmer in Wien und dachte an das letzte Mal, als ich mit meiner Seele verbunden gewesen war. Es war eine sehr stille, friedliche Nacht gewesen. Ich hatte mich hingelegt und war eingeschlafen. In meinem Traum befand ich mich an einem Ort, der mir völlig unbekannt war. Es schien sich um eine Art Höhle zu handeln, von irgendwoher kam Licht, dessen Quelle ich nicht identifizieren konnte.

Plötzlich spürte ich jemanden neben mir stehen, obwohl ich niemanden sehen konnte. Dann hörte ich eine Stimme in meinem Kopf, die sagte: »Du bist angekommen.« Die Stimme klang weiblich und sanft und sehr vertraut.

Im nächsten Augenblick begann ich zu erzählen von dem Leben, das ich gerade gelebt hatte – von all den Erfahrungen, die ich gemacht hatte, von all den Menschen, die ich getroffen hatte. Und je länger ICH sprach, desto deutlicher wurde mir bewusst: Diese Frau neben mir war MEINE Seele!

Als ich aufwachte, war es helllichter Tag – aber das Empfinden der Verbundenheit mit meiner Seele blieb. Seitdem versuche ich immer wieder, dieses Gefühl hervorzurufen, indem ich an jene magische Nacht in der Höhle denke.

Ich wusste nicht, ob es nur eine Ahnung oder etwas Reales gewesen war, das mich auf diese seltsame Reise geschickt hatte. Wenn ich daran dachte, wer Sisi war und was sie durchgemacht hatte, machte mich das traurig und wütend zugleich. Ein Teil von mir fühlte sich an, als wäre ich sie und sie meine Seele. Ich glaubte an diese Reinkarnation, weil ich mich an Dinge erinnern konnte, die ich nie erlebt hatte. Zum Beispiel wusste ich genau, wie es sich anfühlt, in einem engen Korsett zu stecken, und musste die Luft anhalten. Oder ich sah Franz Joseph vor mir und spürte seine Arme um mich – aber das war nicht richtig, denn wir hatten uns ja noch gar nicht getroffen.

Ich fragte mich oft, welche Ereignisse in meinem Leben zu diesem – meinem Leben geführt hatten. Welche Erfahrungen aus meiner Vergangenheit hatten mich so sehr geprägt, dass sie bis in dieses Leben reichten? Ich war mir sicher: Es ist die Liebe zu Franz Joseph. Die Enge des Kaiserhauses, für das ich nicht geschaffen war, und der innere Kampf, den Sisi durchmachte – all das ließ mich fragen, welche konkreten Ereignisse zu diesem – meinen Leben geführt hatten.

In dieser Nacht hatte ich einen seltsamen und intensiven Traum: Ich befand mich in einem schönen Haus, war umgeben von Büchern und konnte durch die großen Fenster hinaus in den Garten sehen. Es war still und friedlich. Ich empfand eine tiefe Liebe für diesen Ort und wusste, dass es mein Zuhause war.

Plötzlich hörte ich Schritte auf dem Flur, und die Tür öffnete sich. Ein Mann mit dunkelblonden Haaren kam herein, sah mich an und lächelte.

»Ah, da bist du ja«, sagte er liebevoll. »Ich habe dich vermisst.«

Er kam auf mich zu und nahm mich in den Arm. Ich spürte seine Wärme und seine Liebe und musste weinen vor Glück. Dann küsste er mich zärtlich auf die Stirn und flüsterte: »Alles wird gut, Sisi.«

Da wusste ich, dass ich Franz Joseph gefunden hatte – meine große Liebe.

Ich wusste, dass ich in einem früheren Leben Sisi war. Ich konnte mich an so viele Details erinnern, die mir kein anderer Mensch hätte erzählen können. Die Erinnerungen waren so real – als würde ich selbst dort stehen und sie erleben.

Ich war mir sicher: Ich habe schon einmal gelebt – und ich werde auch noch einmal leben.

Deshalb würde ich die Wahrheit suchen – komme, was da wolle! Ich war bereit, alles zu riskieren, um herauszufinden, ob Reinkarnation tatsächlich existierte oder ob es sich hierbei nur um eine Einbildung handelte.

Ich dachte, hier in Wien würden meine Erinnerungen präsenter. Ich war so froh, wieder hier zu sein! Die Stadt ist wunderschön, und ich fühlte mich hier völlig entspannt. Ich hatte mir vorgenommen, einfach nur die Zeit mit mir selbst zu verbringen und mich gründlich zu erholen.

Es war herrlich, durch die Straßen zu flanieren und die jahrhundertealten Häuser zu betrachten. In der Ferne hörte ich das Glockengeläut der Wiener Stephansdom und es brachte mich zum Schmunzeln. Es war einfach unglaublich, wie diese Stadt mich jedes Mal aufs Neue verzauberte.

Ich ging in mein Lieblingscafé und bestellte mir einen Kaffee. Dann setzte ich mich ans Fenster und beobachtete die Menschen draußen auf der Straße. Sie alle wirkten glücklich – als ob sie genau wüssten, was sie im Leben zu tun hätten. Vielleicht würde ich auch irgendwann meine Antworten finden ...

Leider war es ein Wochenende in einem kalten März, eine Zeit, in der immerfort dieser typische Wiener

Wind bläst, der mir den Regen im Gesicht frieren ließ. Dennoch blieb es für mich eine magische Stadt. Aber zu dieser Jahreszeit gibt es eine Sache, die mir beständig auf die Nerven geht – das kalte, nasse Wetter. Wochenenden in Wien sind eigentlich perfekt, um zu shoppen oder ins Kino zu gehen. Doch sobald ich aus dem Haus trat und der Regen mir ins Gesicht schlug, fror ich binnen Sekunden.

Ich war immer noch genauso neugierig und aufgeregt. Welche Teile von Sisis Leben würde ich wiedererkennen können? Welche Teile ihres Lebens würden mir verborgen bleiben? Wo waren die Erinnerungen, die mir neue Erkenntnisse brachten? Wo hatte ich mich bei ihr etwa geirrt? Mich mit ihrer Seele verbunden zu fühlen, war aufregend, aber auch ein klein wenig beängstigend.

»Du willst die Wahrheit wissen?«, frage ich mich laut selbst. »Ja, ich will es wissen, mit jedem Risiko, das ich bereit bin einzugehen. Darüber mache ich mir erst dann Sorgen, falls und wenn etwas mit mir passieren sollte«, führe ich den Dialog mit mir fort.

Kurz zuvor hatte ich ein interessantes Buch über Sisi gekauft und einige Dokumentationen gesehen. Es existieren bis heute viele unbeantwortete Fragen zu ihrem Schicksal, die mich neugierig auf mehr machten. Es war eine Herausforderung, meinen Geist ruhig zu halten und es in mir zu spüren. Aber ich dachte, die Zeit sei gekommen, die Leute seien gereift – bereit zu verstehen, was ich herauszufinden versuchte. Ich war es leid, im Dunkeln zu tappen. Ich wollte die Wahrheit wissen – was war mit mir passiert? Warum fühlte ich mich, als sei ich in zwei verschiedene Personen aufgeteilt?

Ich hatte so lange gekämpft und war es nun einfach leid. Deshalb suchte ich nach Antworten – von den Ältesten, von weisen Menschen, von allen, die bereit waren, mir zu helfen.

Ich konnte nicht mehr so tun, als sei alles in Ordnung. Ich musste herausfinden, wer ich war und warum ich hier war. Diese Suche nach Erkenntnis hatte mich stark gemacht – stärker als je zuvor. Und jetzt wusste ich: Es gibt kein Zurück mehr!

Ich denke, dass der aktuelle Punkt in meinem Leben der Schlüssel dafür ist, wer ich bin und warum ich nicht loslassen kann, wer ich einmal war.

Ich bin 1963 in Nürnberg geboren und wuchs auch dort auf. Meine Mutter ist Münchenerin, mein Vater stammte ursprünglich aus Graz. Wir waren eine sehr glückliche Familie, und ich habe wunderbare Erinnerungen an meine Kindheit und Jugend. Ich verbrachte jedes Jahr einen Teil meiner Ferien bei meinen Großeltern in Graz und fühlte mich dort sehr wohl. Sie waren sehr herzlich zu mir, und ich trage viele schöne Bilder unserer gemeinsamen Zeiten in mir.

Mein Vater ist vor sieben Jahren gestorben, aber er hatte ein langes und erfülltes Leben. Er war eine große Unterstützung für mich, und ich weiß, dass er mich auch jetzt noch begleitet. Meine Mutter ist heute 88 Jahre alt und lebt bei uns im gemeinsamen Haus. Wir sind sehr eng miteinander verbunden und teilen uns viele schöne Erinnerungen.

In Österreich fühlt sich mein Inneres zu Hause und die Mentalität ist mir vertraut. Ich habe die meiste Zeit meines Lebens in Nürnberg verbracht, aber ich hatte immer ein Gefühl von Heimat in Österreich. Mein Vater verließ Graz als junger Mann und zog nach Deutschland, um den Zwängen seines Elternhauses zu entfliehen. 1956 herrschte in Graz, das sich noch nicht von den Auswirkungen des Zweiten Weltkriegs erholt hatte, eine Atmosphäre steifer Formalität und engstirnigem Traditionalismus. Aber ich fühlte mich immer willkommen und zu Hause. Als ich vor einigen Jahren nach Österreich zurückkehrte, war ich überwältigt von der Gastfreundschaft und dem inzwischen offenen Geist der Menschen. Mein Vater war ein freier Geist und wollte immer sein eigenes Leben leben. So landete er irgendwann in Bayern und lernte meine Mutter kennen. Sie suchte zu der Zeit über eine Zeitungsanzeige nach einer Freundin für gemeinsame Unternehmungen und er, nun ja, er war die Freundin. So wurde der Grundstein für meine Existenz gelegt.

Auf der Suche nach Antworten wollte ich nun das Sisi-Museum besuchen. Ich stand vor der Hofburg und starrte auf die großen Fenster. Dahinter lagen die Kaiserappartements, in denen sich Elisabeth von Österreich einst aufgehalten hatte. Dieser Ort faszinierte mich, seit ich zum ersten Mal von ihm gehört hatte. Jetzt war ich endlich hier – und konnte es kaum erwarten, die Räume zu besuchen und mit meinen eigenen Augen zu sehen, was damals passiert war.

Doch bevor ich das Museum betrat, musste ich mich beruhigen. Ich spürte immer noch dieses unheimliche Gefühl – als würde mich jemand beobachten oder als wäre ich nicht allein an diesem Ort. Ich atmete tief ein und betrat das Innere.

Es war ein bisschen wie nach Hause kommen. Ich fand Sisis Malutensilien und ein kleines Gemälde, das sie selbst gezeichnet hatte – ein Selbstporträt. Ihr Augen blitzten vor Lebensfreude, ihr hellbraunes Haar fiel ihr in weichen Wellen um die Schultern. Was für eine hervorragende Künstlerin sie doch war, bewunderte ich sie still. Sie verstand es, das Licht einzufangen und mit Kontrasten zu arbeiten, offenbar eine intuitive Gabe, denn sie war nie darin unterrichtet worden.

Die Kaiserappartements waren beeindruckend, aber ich fühlte mich auch seltsam, weil mir klar wurde, dass dies Sisis Zuhause war. Es war großartig, weil Sisi für mich immer noch so präsent war – trotz der vielen Jahre, die seit ihrem Tod vergangen waren.

Ich wandte mich vom Bild ab und ging langsam durch die Räume des Appartements. Jeder Gegenstand erzählte seine eigene Geschichte, und ich spürte die Energie ihrer Präsenz überall um mich herum. Da wusste ich: Ja, es war richtig, hergekommen zu sein. Dieser Ort berührte etwas tief in meinem Innern – etwas Heiliges und doch allzu Vertrautes.

Ich schaute mich im Zimmer um, ging zum nächsten Bild und betrachtete es genauer: ein Porträt, aber diesmal eine Bleistiftzeichnung, weil sie nie fertig wurde. Irgendetwas an diesem Bild berührte mich tief, Tränen brannten in meinen Augen.

Ich habe mich immer gefragt, was unvollendete Gemälde so besonders macht. Ich kann mir nicht helfen, aber ich finde, dass sie eine tiefere Bedeutung haben als die fertigen Werke, weil sie noch mitten im Werden begriffen sind, wie im gegenwärtigen Augenblick, als seien sie lebendig.

Sisis Gesicht war zwar unvollständig, in meinen Augen jedoch dennoch voller Ausdruckskraft. Ihre Züge waren sanft, ihr Blick war wehmütig, als würde sie uns aus einer anderen Welt betrachten. Die Farben des Bildes waren verblasst und auch ohne Definition – aber für mich war es genau richtig so. Denn ich spürte, dass dieses Bild meine Erinnerungen an ihr Leben widerspiegelte: Sie war eine außergewöhnliche Frau, die viel litt und früh starb. Aber in ihren Augen sah ich noch immer die Stärke und den Mut, mit dem sie ihr Leben lebte.

Wie ich das Bild längere Zeit betrachtete, stieg eine tiefe Verbundenheit in mir auf – als ob ich sie besser verstehen könnte, weil ich erkannte, wie viel Schmerz und Leid ihr Gesicht ausstrahlte. Das unvollendete Gemälde berührte mich tief.

Ich wischte die Tränen fort und ging weiter durch den Raum. In einer Ecke stand ein kleines Tischchen mit einer Vase voller Blumen. Ich streichelte über die Blütenblätter und dachte an die Frau, die diesen Ort so liebevoll gestaltet hatte. Sie musste etwas Besonderes gewesen sein – so wie ich selbst auch etwas Besonderes bin.

Ich ging durch die Räume und schaute mir alle Bilder an. Es war unglaublich, wie viele verschiedene Arten von Porträts es hier gab. Selbst einige von Sisis persönlichen Utensilien hingen noch an den Wänden. Ich betrachtete ihr Porträt und bemerkte, dass es einige Elemente enthielt, die meinen eigenen Erinnerungen ähnelten. Insbesondere war ein Kind zu sehen, das einen Hund umarmte.

All das erinnerte mich daran, wie oft sie es versucht hatte und künstlerisch gescheitert war, aber das hatte sie nicht daran gehindert, es immer wieder zu versuchen und mit einem Lächeln weiterzumachen. Ich war erstaunt über ihr Geschick und ihre Kunstfertigkeit. Sie war mutig und furchtlos in ihrer Arbeit. Die Helligkeit des Gemäldes, die Kurven und Rottöne, die besondere Formen bildeten, schienen mich an einige Details meiner eigenen Bilder zu erinnern. Mir war, wie wenn Sisi vor mir stünde, oder war das wieder eine dieser Erinnerungen?

Wie sie mit ihrer Zunge schnalzte, wenn sie ungeduldig war. Oder wie sie immer zwei Bücher gleichzeitig las – eines in jeder Hand. Und natürlich ihr Lächeln, so strahlend und voller Hoffnung, dass sie allen in ihrer Umgebung vermittelte, alles sei möglich.

Diese Bilder strahlten ihre absolute Hingabe und Freude an der Kunst aus. Sie brachte so viel Leben in ihre Bilder.

Ich saß auf einem Stuhl in der kaiserlichen Wohnung und starrte auf die Büste der 17-jährigen Sisi. Sie sah traurig aus, so einsam.

Plötzlich hörte ich ein leises Lachen und fühlte dann eine sanfte Hand auf meiner Schulter. Ich wandte mich um und sah in das Gesicht von Elisabeth – Kaiserin von Österreich. Sie lächelte mich liebevoll an und streichelte meinen Kopf.

»Mach dir keine Sorgen«, sagte sie sanft. »Ich bin bei dir.«

Dann verschwand sie wieder genauso plötzlich, wie sie gekommen war – aber ich fühlte mich jetzt viel besser. Irgendwie wusste ich: Alles wird gut ...

Ich glaube, die Vergangenheit hat mich schon immer in ihren Bann gezogen. Und dieser Raum mit seinen verstaubten alten Möbeln und all den Gemälden von Menschen in edlen Gewändern – es fühlte sich an, als sei die Zeit hier stehen geblieben. Ich sah etwas in Sisis Gesicht, das ich auch in meinem Spiegelbild sehe. Es gibt bestimmte Merkmale, die die eigene Geschichte, die die Seele schreibt.

Aber da war noch mehr. Eine tiefere Verbundenheit, die ich nicht erklären konnte. Als ich mich dem Porträt näherte, spürte ich ein Kribbeln in der Magengegend. Ich stand in dem großen Kaiserappartement und blickte mich um. Die Wände waren voll mit Gemälden von Menschen aus einer vergangenen Zeit. Einige der Gesichter kamen mir seltsam vertraut vor, obwohl ich nicht wusste, woher ich sie kannte.

Diese Vertrautheit mit der Zeit und den Menschen hier gab mir Kraft und Mut.

Ich atmete tief durch und ging langsam weiter durch das Zimmer. Vor einem der Fenster blieb ich stehen und blickte hinaus auf die Stadt Wien. Das Sonnenlicht lag warm auf meiner Haut, und ich schloss kurz die Augen.

Da wusste ich: Ich war zu Hause angekommen. Doch was bedeutete diese Gewissheit? War sie gleichzusetzen mit der Wahrheit? Der eindeutigen, faktischen Wahrheit, die sich empirisch messen lässt? In mir war eine starke Verbundenheit, ein Widerhall, der auf alles reagierte, was mit Sisi zu tun hatte. Alles war mir vertraut, als könnte ich mich daran erinnern. Es war keine Illusion, alles fühlte sich echt an. Und doch nagte der Zweifel an mir. Was wäre, wenn ich mir das alles nur einbildete?

Künstler neigen nun einmal zu einer überschäumenden Fantasie, und wenn wir uns mit einer Idee befassen, kann sie regelrecht Besitz von uns ergreifen. Die Geschichten über von ihrer Kunst besessenen Künstlerinnen sind zahlreich. War ich eine von ihnen?

Ich weiß nicht, warum ich mich jetzt daran erinnere, zehn Jahre, nachdem mir eine Wahrsagerin in der Nürnberger Innenstadt prophezeit hatte, dass ich einen reichen Mann treffen würde. Nicht reich an materiellen Werten, aber mit einem großen Herzen und einer guten Seele.

Einige Wochen später saß ich mit einer Freundin in einer Bar, als die Tür aufging und ein Mann in die Bar kam, der mir sofort bekannt vorkam, obwohl ich mir sicher war, ihm noch nie begegnet zu sein. Ich spürte einfach eine vertraute Präsenz. Ich blickte auf, sah ihn durch die Tür kommen und wusste sofort, dass er es war. Mein Herz machte einen Sprung, als er mich ansah und lächelte.

Schnell kamen wir ins Gespräch, und ohne es zu bemerken, unterhielten wir uns die ganze Nacht. Er erzählte mir von seinem Leben, und ich lauschte fasziniert jedem seiner Worte. Es fühlte sich so vertraut an, als hätte ich ihn schon ewig gekannt.

Ich weiß nicht, was es war, aber irgendwie fühlte ich zu diesem Zeitpunkt, dass dieser Mann nun in mein Leben getreten war und für immer da sein würde. Ich stand vor ihm und konnte nicht glauben, was ich sah. Ich hatte mich auf den ersten Blick in ihn verliebt. Bis zu diesem Tag hatte ich nie als oberstes Lebensziel verfolgt, meinen Seelenverwandten zu finden, und ich könnte nicht glücklicher sein, dass ich ihn an diesem Abend gefunden habe.

Er sah mich durchdringend an, und da wusste ich, dass er der Richtige war – meine andere Hälfte. Es spielte keine Rolle, woher wir kamen oder welche Umstände uns trennen würden. Nichts von alledem zählte jetzt – nur noch er und ich und die unendliche Liebe zwischen uns beiden.

Wir traten hinaus in die kühle Oktobernacht, und ich tanzte Walzer mit ihm, ganz ohne Musik. Ich hörte sie in meinem Kopf, und wir tanzten und tanzten. Es fühlte sich so gut an, seine starken Arme um mich zu spüren, und wie sein Körper sich im Takt der Musik bewegte. Wir drehten uns immer schneller, und ich schloss die Augen, genoss einfach nur den Moment.

Als ich die Augen wieder öffnete, sahen wir uns tief in die Augen, und es war, als würde ich in seine Seele blicken. Er lächelte mich sanft an und streichelte mir über die Wange. »Ich mag dich ... sehr«, flüsterte er.

»Ich dich auch«, antwortete ich glücklich lächelnd.

Wir gingen nebeneinanderher und redeten über alles Mögliche. Die Sterne funkelten am klaren Nachthimmel, die Luft roch nach Blumen. Plötzlich blieb er stehen, drehte sich zu mir um und sah mich an, mit einem derart attraktiven Lächeln, das mir kurz den Atem stocken ließ.

»Nur damit du es weißt«, sagte er, »ich habe noch nie einen so interessanten Abend gehabt.« Ich nickte und lachte: »Das sehe ich.« Ich spürte, wie seine Hände meine Taille berührten. Er führte mich von den erleuchteten Fenstern der Bar weg. »Wohin gehen wir?«, fragte ich.

»Noch etwas spazieren. Der Abend ist zu schön, um ihn jetzt schon zu beenden«, sagte er einfach und lächelte mich dann wieder an. Ich stimmte zu, und schon bald waren wir Arm in Arm unterwegs zum nahegelegenen Park. Ich spürte seinen Körper an meinem, seine Lippen auf den meinen. Seine Hände streichelten mich sanft, und ich fühlte mich geborgen in seiner Umarmung. Wir küssten uns leidenschaftlich, und da wusste ich: Er war der Mann, den ich schon immer gesucht hatte.

»Bis zum Morgen«, murmelte er mir ins Ohr und ich nickte nur. In dieser Nacht gehörten wir uns vollkommen, und ich wusste, dass unsere Seelen bereits ewig verbunden waren.

Wir gingen noch etwas weiter, die Arme um die Hüften des anderen gelegt, und blieben dann neben einer Bank auf einem der breiten Kieswege stehen, die zum Fluss hinabführten. Er drückte mich sanft, aber fest, legte seinen Arm wieder um meine Taille und küsste mich innig.

Ich schmiegte mich in seine Umarmung und genoss den Kontakt seines starken Körpers mit meinem. Wir saßen da und blickten auf den Fluss und beobachteten die Wellen, die sachte gegen die Ufer schlugen. Die Nachtluft war köstlich kühl nach dem langen Tag in der Sonne.

»Weißt du«, sagte er leise, »als ich dich heute zum ersten Mal sah ... da wusste ich sofort: Das ist sie.«

Ich lächelte und legte meinen Kopf an seine Schulter. »Ja«, antwortete ich glücklich. »Mir ging es genauso.« Es war der Beginn einer wundervoll erfüllenden Beziehung.

Ich hatte schon einige Partnerschaften erlebt, aber noch nie war ich so verliebt gewesen wie in Manfred. In den ersten Monaten unserer Beziehung entwickelte ich große Verlustangst, und ich konnte mir nicht erklären, woher sie kam, da ich im Grunde kein eifersüchtiger Mensch bin. Schon als junges Mädchen war ich davon überzeugt, dass ein Junge, der mich mochte, kein anderes Mädchen lieben konnte, weil es mich halt nur einmal gab. Und das hatte wenig zu tun mit Selbstsicherheit oder Arroganz, es war vielmehr eine innere Überzeugung. Ich glaubte fest an die Liebe und an die Macht der Emotionen.

Doch diesmal spürte ich etwas anderes. Etwas machte mir Angst.

Viele Jahre nach unserem Kennenlernen träumte ich von einer Explosion, bei der ich aus einem Gebäude nach draußen geschleudert wurde. Ich wachte mit einem Ruck auf und starrte an die Decke. Mein Herz raste und mir war klar, dass etwas nicht stimmte. Ich blickte zu Manfred hinüber, der neben mir schlief. Seit vielen Jahren träumte ich von dieser Explosion, doch diesmal war es anders: Es fühlte sich so real an!

Ich stand auf und ging zum Fenster. Draußen war alles ruhig – aber in meinem Inneren herrschte Aufruhr. Ich musste mit jemandem über diesen Traum reden, aber ich konnte niemand außer ihm davon erzählen. Er war der Einzige, dem ich vertraute – aber ich wusste nicht, ob er mich verstehen würde. Letzten Endes behielt ich es aber doch für mich. Es war doch nur ein Traum.

Immer wieder träumte ich denselben Traum, der immer dramatischer zu werden schien. In einem Wohnhaus irgendwo im Grünen fand plötzlich eine Explosion nach einem Brand statt, und die Druckwelle schleuderte mich aus dem Gebäude. Danach erwachte ich völlig unversehrt auf einer kleinen Anhöhe. Manfred jedoch war gefangen in diesem Haus, und ich musste von der Anhöhe aus mit ansehen, wie er in den Flammen verbrannte und konnte ihm nicht helfen.

Zu meiner großen Erleichterung verschwand der Traum nach zwei Jahren. Ich hatte keine Angst mehr vor dem Verlust und konnte mich endlich wieder entspannen. Es war, als sei eine schwere Last von mir genommen, und ich konnte nun wieder frei atmen.

Es ist schon ein paar Jahre her, wir waren im Winter auf unserer Finca in Mallorca. Über Monate hinweg hatte sich der Gartenabfall zu einem ansehnlichen Haufen aufgestaut. In den feuchten Wintermonaten ist es zumindest auf dem Land erlaubt, die biologischen Abfälle selbst zu verbrennen. In freudiger Erwartung übergoss mein »Feuerteufel Manfred« den riesigen Berg an Ästen und Unkraut mit einem Kanister voll Benzin, griff selbstsicher nach einem Sturmfeuerzeug und zündete den Haufen an.

Ich war im Haus, die Fenster waren geschlossen, als ich einen lauten Knall hörte. Mein Herz schien stehenzubleiben. Ich riss die Tür auf und schrie ihn an – so sehr hatte mich der Schreck überrascht. Er konnte zur Seite springen, gerade noch rechtzeitig, als die Flammen schon meterhoch aufloderten. Für mich war das schlimm, aber er verstand es nicht. Mich erinnerte es an die Explosion in meinem vorherigen Leben, und ich konnte mit dieser Angst keineswegs umgehen. Natürlich war ich sehr froh und erleichtert, dass nichts Schlimmes passiert war. Ich fühlte mich plötzlich völlig ruhig und gelassen und wusste, dass alles gut werden würde.

Es gibt in den USA mehrere ernstzunehmende Wissenschaftler, die untersuchen, wie sich Traumata aus einem früheren Leben auf uns auswirken. Es gibt Kinder, die panische Angst vor Flugzeugabstürzen haben, weil sie in ihrem früheren Leben Militärflieger waren und abgeschossen wurden. Sie können sich an alle Details erinnern, auch an Dinge, die den kindlichen Horizont eigentlich übersteigen. Wieso sollte es bei mir anders sein? Immerhin ist unser Seelenleben ein mysteriöser Ort. Wir wissen nicht viel über das, was die Seele ist, woher sie kommt, wohin sie geht und was ihre Aufgabe ist, wir können sie nicht einmal ansehen oder beschreiben, und doch wissen wir alle, dass sie existiert. Und sie spricht zu uns, auf vielerlei Weise.

Es muss um das Jahr 2010 gewesen sein, da tauchte ein Kunsthistoriker in meinem Leben auf – eine seltsame Begegnung. Zuerst dachte ich, es sei sein umfangreiches Wissen über die Kunst, das mich so beeindruckte – aber später stellte sich heraus, dass dem nicht so war.

Eines Tages kam er in mein Atelier und suchte nach Gemälden für eine Kunstmesse in Baden-Baden. Er betrachtete jedes Bild genau und machte sich Notizen dazu. Dann sah er mich an und sagte: »Ihre Farben haben etwas Mystisches an sich. Sie spiegeln die Seele wider.«

Ich wusste zwar nicht genau, was er damit meinte, fühlte mich aber geschmeichelt.

Er suchte einige Objekte für seine Ausstellung aus. Es handelte sich um mehrere kleinformatige Werke in minderer Qualität, so kann ich das aus heutiger Sicht sagen. Er nahm die Bilder mit und lud mich nach Baden-Baden ein. Zwei Wochen später fand ich mich wieder in einer hochkarätigen Antiquitäten- und Kunstausstellung, in der er auch meine Arbeiten präsentierte, zu einem sehr hoch angesetzten Preis. Ich war verwundert, fühlte mich geehrt aber ebenso verunsichert. Verkauft wurde damals allerdings kein einziges meiner Bilder! Ich habe mich oft gefragt, warum er das tat. Kurz darauf trat dieser Mann in einem einzigen Traum auf, der alles klären sollte:

Ich lebte zu jener Zeit in einem alten Herrenhaus aus roten Ziegelsteinen, wie es häufig ist bei solchen Anwesen. Der Zugang zum Hauptgebäude führt über zwei Treppen rechts und links des Eingangsportals, was den Ort ruhig und interessant erscheinen ließ. Davor die klassische Kiesauffahrt – perfekt für Gartengestaltung! Das Gebäude umfasste drei Stockwerke. Hinter dem Eingang eröffnete sich eine großzügige Halle mit Treppenhaus und breiter Holztreppe. In der Empfangshalle bemerkte ich großformatige Gemälde von mir, die jedoch aus einer anderen Zeit zu stammen schienen. Moderne Bilder in einem Malstil, der für die damalige Zeit ungewöhnlich war. Das gesamte Anwesen hing voll mit meinen Werken. Der besagte Kunsthändler befand sich vor Ort, um meine Bilder zu bewerten.

Wir saßen an einem großen Fenster im ersten Stock und besprachen meine Arbeiten. Es war ein wunderschöner, warmer Sommertag, und das Fenster stand weit offen, sodass die kühle Brise hereinwehen konnte. Wir waren uns in vielen Dingen nicht einig und gerieten deswegen irgendwann in einen heftigen Streit.

Ich verstand seine Kritik nicht und fand, dass er meine Arbeiten überhaupt nicht akzeptieren wollte. Schließlich sprang ich auf und gab ihm im Zorn einen kleinen

Schubs – doch leider verlor er dabei das Gleichgewicht. Er stürzte rücklings aus dem offenstehenden Fenster und landete mit dem Kopf auf der Kieseinfahrt. Ich schrie entsetzt auf, aber es war zu spät: Er lag reglos da, den Kopf in einem unnatürlichen Winkel verdreht. Er war tot.

Ich stand noch lange Zeit am Fenster und starrte hinaus auf seinen leblosen Körper unten in der Einfahrt – bis mir plötzlich klar wurde, was ich getan hatte ...

Ich hatte ihn getötet. Der Gedanke daran ließ mich schaudern, und ich musste mich setzen, um nicht ohnmächtig zu werden. Es war ein Unfall gewesen, so etwas passierte doch nicht absichtlich! Oder?

Aber je länger ich darüber nachdachte, desto sicherer war ich mir: Ja, ich hatte es absichtlich getan. Und zwar, weil er mich so wütend gemacht hatte.

Jetzt war er tot, und ich fühlte mich ... befreit. Als sei eine große Last von mir genommen.

Kurz darauf verschwand dieser Kunsthändler aus meinem Leben so rasch, wie er aufgetaucht war, als hätte der Traum nur als Zeichen gedient, dass mit dieser erneuten Begegnung etwas gelöst werden sollte. Aber was eigentlich? Ich grübelte noch lange darüber nach. Vielleicht hatte ich meinen inneren Kritiker überwunden, der oftmals viel zu streng und scharf war? Seither weiß ich, dass die Seele zu uns spricht, in Form von Zeichen, Symbolen und Träumen, und je mehr wir ihr zuhören, umso deutlicher werden diese Botschaften. Der Kunsthändler musste fort, hinaus aus meinem Leben, sonst hätte er meine künstlerische Entwicklung behindert. Deshalb griff ich im Traum zu einem so rabiaten Mittel. Doch weil ich mich im Traum auf so drastische Weise lösen konnte, verschwand er auch in der Realität. Auf einer tiefen, unbewussten Ebene hatte ich die Entscheidung getroffen, ihn nicht mehr in meinem Leben zu dulden.

Ich weiß nicht, was ich von all dem halten soll. Es ist alles so unglaublich und fühlt sich doch irgendwie vertraut an. Eines weiß ich jedenfalls mit Sicherheit: Diese Erfahrung hat mich verändert.

Ich bin mir jetzt bewusst, dass es mehr gibt als nur dieses eine Leben. Und auch, wenn ich nicht genau weiß, was das alles bedeutet, fühlt es sich doch richtig an. Als hätte ich endlich die Wahrheit gefunden – eine Wahrheit, die tief in mir verborgen war.

Es könnte sein, dass dies nur zur Bewusstwerdung dient, oder damit Sie diese Geschichte einmal in Form dieses Buches erreicht. An dieser Stelle möchte ich einige Forscher auf dem Gebiet der Reinkarnation erwähnen, da ich glaube, sie sind es wert, mehr von ihnen zu lesen. Das ist vorrangig Ian Stevenson.

Für ihn war Reinkarnation die Vorstellung, dass eine Seele nach dem Tod des Körpers in einem neuen Körper wiedergeboren wird. Dies kann sowohl in einem menschlichen als auch in einem tierischen Körper sein. Die Seele behält dabei die Erinnerungen an ihr früheres Leben und kann diese in ihrem neuen Leben nutzen, um sich weiterzuentwickeln.

Die These der Reinkarnation stammt ursprünglich aus dem Hinduismus und Buddhismus, wird aber auch in anderen Religionen und spirituellen Lehren bejaht. In westlichen Ländern ist die Idee jedoch weitgehend unbekannt oder wird gar belächelt – obwohl es immer mehr Menschen gibt, die von Erinnerungen an frühere Leben berichten.

Im Laufe seiner Forschung stieß er immer wieder auf Berichte von Kindern, die von ihren vergangenen Leben erzählten. In den meisten Fällen handelte es sich um Erinnerungen an andere Kulturen und Zeitperioden, die die Kinder in ihrem jetzigen Leben nicht kennen konnten. Es gab aber auch viele gemeinsame Elemente in den Geschichten, die darauf hindeuteten, dass sie tatsächlich die Wahrheit enthielten.

Eines Tages traf er auf einen Jungen namens Sammy, der behauptete, in seinem früheren Leben ein Römer gewesen zu sein. Als Beweis für seine Behauptung nannte Sammy Einzelheiten über das römische Leben, die er unmöglich irgendwo gelesen oder gehört haben konnte. Er beschrieb Orte und Gebäude so genau, als hätte er sie selbst gesehen, und nannte Namen von Personen und Göttern, die damals bekannt waren. Sammys Geschichte war so beeindruckend, dass der Forscher beschloss, weiter mit Kindern zu arbeiten und ihre Aussagen ernst zu nehmen.

Kleine Kinder sprechen oft unbefangen von Gott, Engeln und anderen geistigen Wesen, meistens dann, wenn sie gerade anfangen zu sprechen, also in einer Entwicklungsphase, in der sie noch völlig unbeeinflusst von der äußeren Welt sind.

Aber es gibt auch Erwachsene, die mit diesem Wissen verbunden sind – und zwar auf eine ganz besondere Weise. Eine Amerikanerin namens Carol Bowman ist eine international bekannte Therapeutin und Autorin. Ihr weltweiter Bestseller »Children's Past Lives« erschien in sechzehn Sprachen und gilt als Klassiker.

Mrs. Bowman hatte schon immer ein enges Verhältnis zur Spiritualität und glaubte fest an Reinkarnation. In ihrer Jugend erlebte sie mehrere Nahtoderfahrungen und sah im Alter von neun Jahren einen Engel. Diese Begegnung prägte sie so stark, dass sie fortan alles über Engel wissen wollte – was es damals schwierig machte, da es praktisch noch keine Literatur über dieses Thema gab. Also musste sie sich alles selbst beibringen. Heute ist Mrs. Bowman eine renommierte Expertin auf dem Gebiet der Engelkunde und hilft Menschen auf der ganzen Welt, ihr Leben besser zu verstehen – mit Hilfe der himmlischen Wesen, die uns stets begleiten.

Bowman hatte selbst zwei Kinder großgezogen und war immer wieder fasziniert von dem innigen Glauben, den diese kleinen Menschen in etwas hatten, was Erwachsenen so abstrakt erscheinen musste. In ihrem Buch widmete sie dem Thema ein ganzes Kapitel – und es war offensichtlich, dass die Kinder hier in ihrer Praxis genau das bestätigten, was Carol Bowman schon lange vermutet hatte: Es gibt tatsächlich eine Verbindung zwischen uns allen und dem Göttlichen.

Ich habe mich schon immer gefragt, ob es tatsächlich möglich ist, sich an ein vorheriges Leben zu erinnern. Natürlich gibt es die Theorie der Reinkarnation, und auch wenn ich daran glaube, so kann ich es doch nicht mit Sicherheit sagen.

Viele Menschen möchten wissen, ob Erinnerungen an vergangene Leben echt sein können. Obwohl es keine Beweise dafür gibt, dass Reinkarnation stattfindet, ist es interessant zu untersuchen, warum manche Menschen solche Erinnerungen haben. Bei meinen Recherchen habe ich herausgefunden, dass es gar nicht so selten vorkommt, dass sich Menschen – besonders Kinder – an Ereignisse aus früheren Leben erinnern. Viele Erwachsene halten dies jedoch für reine Fantasie und glauben nicht an die Möglichkeit der Reinkarnation.

Erwachsene sind oft so sehr in ihrer eigenen Realität gefangen, dass es ihnen gar nicht mehr in den Sinn kommt, dass das Leben früher tatsächlich anders war.

Ich hatte mich in den letzten Jahren intensiv mit der Theorie von Reinkarnation und Past Life Regression auseinandergesetzt. Es gab einfach zu viele Hinweise, die dafür sprachen, dass wir unsere Seelen nicht mit dem Tod verlieren, sondern weiterleben. Und so begann ich meine Recherchen.

Zunächst war ich natürlich skeptisch, aber je mehr ich las und hörte, desto klarer wurde mir: Reinkarnation ist real! Die Seele ist unsterblich und wandert von Leben zu Leben. Sie bringt einzelne Eigenschaften und Erfahrungen mit sich und sucht immer wieder nach Erfüllung.

Dies alles klingt vielleicht etwas esoterisch, aber für mich war es eine erstaunliche Erkenntnis. Denn plötzlich ergaben so viele Dinge einen Sinn: Warum verhielt ich mich so und nicht anders? Warum fühlte ich mich in gewissen Situationen so? Was könnten meine Ängste bedeuten?

Ich glaube, dass eine Seele mehrfach wiedergeboren wird und dabei bestimmte Eigenschaften mitbringt. Sie verfolgt Aufgaben oder Ereignisse aus einem vorherigen Leben, die für sie selbst abgeschlossen sind, bzw. Themen, die sie in ihrem früheren Leben noch nicht abschließen konnte. Genau diese Ereignisse aus vergangenen Leben bestimmen, was dann im nächsten Leben geschieht, vor allem, wenn die Seele durch äußere Zwänge daran gehindert wird, ihrem wirklichen Weg zu folgen.

Vieles von dem, was ich las, ergab tatsächlich einen Sinn, doch mit anderen Theorien hatte ich so meine Zweifel und konnte auch wenig damit anfangen. Ich suchte nach Parallelen zu meinem Leben und zu meinen Träumen. Es gab tatsächlich Aspekte in meinem Leben, bei denen ich sehr oft den Eindruck hatte, dass diese Gefühle, Stimmungen und Intuitionen nicht aus diesem Leben stammen konnten, sondern ihren Ursprung woanders haben mussten, ohne dass ich tatsächlich konkretisieren konnte, was ich dabei empfand.

Die ewige Hochzeit: Die Hochzeit war eine wunderschöne Zeremonie. Ich stand vor dem Altar in der Augustinerkirche, und mein Bräutigam, Kaiser Franz Joseph, sah mich mit leuchtenden Augen an. Ich trug ein weißes Kleid mit Spitzenbesatz, auf meinem Kopf sich die legendäre Kaiserkrone. Die Kirche war bis auf den letzten Platz gefüllt mit geladenen Gästen und neugierigen Beobachtern, die alle gekommen waren, um das Ereignis aus nächster Nähe mitzuerleben.

Alles schien so unwirklich – als sei ich gar nicht hier. Aber es war kein Traum. Ich heiratete tatsächlich den Mann, den ich liebte, und wurde so zur Kaiserin von Österreich.

Als der Pfarrer die Frage stellte: »Willst du diesen Mann zu deinem rechtmäßigen Gatten nehmen?«, antwortete ich laut und deutlich: »Ja, ich will!« Dann legte ich meinen Ringfinger in Franz Josephs Hand, und er streifte mir behutsam den goldenen Ring über.

Jetzt gehörte ich ihm – für immer …

Nach der Zeremonie fuhren wir in der Kaiserkutsche unter dem Jubel der Menge durch die Straßen von Wien bis nach Schloss Schönbrunn, wo die Hochzeitsfeier stattfinden sollte.

Die Gäste gratulierten uns und tanzten bis in die Nacht hinein. Ich genoss jede Sekunde dieses besonderen Tages – auch wenn ich immer noch nicht verstand, was es bedeutete, verheiratet zu sein … Ich war sechzehn Jahre alt und noch unberührt von der männlichen Welt. Ich hatte jedoch eine klare Vorstellung davon, was ich wollte und was nicht. »Die Ehe ist eine widersinnige Einrichtung«, sagte ich viele Jahre später. »Als sechzehnjähriges Kind wird man verkauft und tut einen Schwur, den man nicht versteht und dann dreißig Jahre später oder länger bereut und nicht mehr lösen kann.«

Ich denke oft darüber nach, wie ich auf die Idee kam, in einer weißen Gondel in Venedig zu heiraten. Es war damals eine »Fiktion« von mir, aber durchaus machbar. In insgesamt vier Gondeln fuhren wir mit unseren Gästen quer durch Venedig zur Kirche. Hunderte von Italienern standen auf den Brücken der Stadt und riefen uns zu: »molte auguri«, und immer wieder »molte auguri«, was so viel bedeutet wie: viele Glückwünsche.

Als ich an jenem Tag in meiner weißen Gondel saß und durch die Kanäle von Venedig fuhr, fühlte ich mich wie eine Prinzessin. Die Sonne schien hell und warm, und es herrschte eine unbeschwerte Atmosphäre unter den Festgästen. Ich erinnere mich noch genau an das leuchtende Blau des Himmels und an die bunten Fahnen, die überall entlang der Route flatterten.

Es war einfach perfekt.

Meine Schwiegereltern hatten damals ein kleines Apartment in der Nähe von Venedig, und wir verbrachten dort mehrere Urlaubswochen. Dabei habe ich eine Beziehung zu dieser mondänen und gleichzeitig morbiden Schönheit – der Serenissima – entwickelt. Eine befreundete einheimische Familie half uns, diese einzigartige Hochzeit zu organisieren. Abseits des Tourismus-Rummels fanden wir eine kleine katholische Kirche im Armenviertel Venedigs.

Wir waren begeistert, dass uns der alte Pfarrer der Gemeinde sofort und ohne Zögern trauen wollte. Das einzige Hindernis stellte die Sprache dar: Er sprach kein Wort Deutsch und wir kein Italienisch. Aber ich war fest entschlossen, auch dieses Hindernis aus dem Weg zu räumen. Egal, was es kostete und egal wie lange es dauerte, ich wollte diese Hochzeit genauso haben!

Der Bischof der Erzdiözese Bamberg hatte uns in Deutschland die kirchenrechtliche Trauung in Italien genehmigt. Ich stand am Altar mit meinem Brautkleid aus Spitze und dem Schleier vor dem Gesicht und sah zu meinem Bräutigam hinüber, der neben dem Pfarrer stand. Er lächelte mich an, und in seinen Augen funkelten Tränen. Dann begann die Zeremonie, und ich fühlte mich wie in einem Traum: Die Worte des Pfarrers klangen wie Musik in meinen Ohren, obwohl ich kein Wort verstand, und als er uns den Ring reichen wollte, dachte ich plötzlich, etwas Warmes fließe von meinem Kopf bis hinunter zu meinem Herzen, und wusste: Gott ist hier bei uns – ganz gleich, welche Sprache wir sprechen!

Ich war sehr jung, als ich meinen Mann heiratete. Meine Eltern hatten auch früh geheiratet – sie waren überzeugt, es sei sicher das Beste für mich. Und so stolperte ich also in eine Ehe, die nicht meiner persönlichen Überzeugung entsprach. Obwohl ich meinen Bräutigam damals schon gut kannte, spürte ich doch, dass diese Vermählung nicht richtig war. Ich war zu jung und zu ergeben, als dass ich mich den Wünschen meines Mannes hätte entziehen können. Ich wollte niemanden enttäuschen und zog es deshalb einfach durch.

Aber zumindest die Art der Hochzeit stimmte – das war ich pur! Lieber Mann meiner Vergangenheit, solltest du diese Zeilen eines Tages lesen: Das, was ich heute weiß, lag damals noch im Verborgenen, aber bitte verzeih mir!

Mein Schwiegervater war zu der Zeit Reisejournalist beim Axel Springer Verlag und reiste mit einer Gruppe anderer Journalisten und Fotografen nach Italien, um von meiner Hochzeit zu berichten. In den darauffolgenden Jahren wurde es dann immer beliebter, sich im Ausland trauen zu lassen. Sie hatte mich also erwischt – die Ehe! Und genau wie damals, als Sisi heiratete, war auch mein Trautermin für die Nachmittagsstunde angesetzt. Bis dahin waren die Hochzeitsgäste dank des guten italienischen Rotweins bereits in fantastischer Feierlaune.

Natürlich habe ich mich oft gefragt, wie ich auf diese Idee kommen konnte. Ich fühlte mich mit 27 noch zu jung, um zu heiraten, und leider hielt diese Ehe auch nicht lange. Jetzt, nachdem ich meinen heutigen Lebensgefährten kennengelernt habe, weiß ich, was wirkliche Liebe ist, aber ein zweites Mal heiraten kommt definitiv nicht in Frage. Natürlich habe ich auch hier recherchiert und sehr schnell Parallelen zu Sisis Hochzeit gesehen.

Auch die Hochzeit von Kaiser Franz Joseph I. und Elisabeth »Sisi« musste auf sie wie ein reiner Staatsakt gewirkt haben, trotz ihrer großen Liebe zu ihm. Natürlich kann dies nie eine gute Voraussetzung für eine glückliche Ehe sein. Durchaus verständlich, denn schließlich heiratete der österreichische Kaiser angeblich auch aus Gründen der Staatspolitik.

So etwas stand natürlich nicht unbedingt an oberster Stelle auf der Prioritätenliste einer 16-jährigen Braut!

Es war Anfang der Siebzigerjahre, ich war, glaube ich, neun Jahre alt, als wir eine Genehmigung der Eltern benötigten, um an einem Aufklärungsunterricht teilnehmen zu dürfen.

Ich erinnere mich noch genau, wie ich an jenem Tag nach Hause lief, voller Vorfreude auf die neue Erfahrung, die mich erwartete. Ich hatte keine Ahnung, was Aufklärung eigentlich bedeutete, aber es hörte sich aufregend an.

Ich fand meinen Vater in der Küche vor und fragte ihn, ob ich an dem Unterricht teilnehmen dürfte. »Aufklärung«, sagte ich neugierig. »Was ist das?«

Mein Vater blickte mich etwas ratlos an und antwortete dann: »Nun, das ist eine Art Unterricht über die körperlichen Veränderungen, die du in den nächsten Jahren erleben wirst.«

»Oh«, sagte ich – immer noch verständnislos.

Er musste lachen und nickte. »Ja, genau darum geht es.«

Doch dann schickte er mich weiter zu meiner Mutter und sagte: »Frag deine Mutter, sie weiß bestimmt Bescheid.«

Meine Mutter stand am Herd und rührte in einem Topf herum. Als ich ihr von dem Aufklärungsunterricht erzählte und sie um Erlaubnis bat, war sie sofort Feuer und Flamme – natürlich durfte ich mitmachen!

»Aber«, fügte sie hinzu, »du musst mir versprechen, dass du alles respektvoll behandelst.«

Ich nickte eifrig – natürlich würde ich das tun! Ich weiß noch, dass ich mich sehr auf den Aufklärungsunterricht freute. Es war etwas Neues und Aufregendes für mich, und ich konnte es kaum erwarten, endlich alles über die »großen« Themen zu erfahren.

Doch als der Unterricht dann tatsächlich begann, war ich enttäuscht: Die Lehrerin sprach nur in allgemeinen

Begriffen und vermied es sehr sorgfältig, irgendetwas konkret anzusprechen. Ich hatte den Eindruck, dass sie mir etwas vorenthalten wollte – aber was?

Frustriert fragte ich meine Mutter später danach, und sie lachte nur: »Ach Liebling, du bist noch viel zu jung für diese Dinge. Wir reden darüber, wenn du älter bist.«

Das war natürlich auch keine befriedigende Antwort für mich.

Was ist denn da los, fragte ich mich? So kannte ich meine Eltern nicht. Schließlich einigten sie sich und machten sich die Mühe, mir überaus behutsam beizubringen, wie Kinder in diese Welt kommen.

4. Kapitel

Ich saß mit einem Buch in Händen auf einer Bank in einem kleinen Park. Der Park war nicht besonders schön, aber ruhig und abgelegen. Es war später Nachmittag, und die meisten Menschen waren noch bei der Arbeit oder in der Schule. Ich hatte den Tag frei, genoss die Ruhe und Einsamkeit und beobachtete die Menschen. Ein älteres Paar ging Arm in Arm an mir vorbei, lächelte mich freundlich an und grüßte mich in einer mir unbekannten Sprache. Ich erwiderte den Gruß, obwohl ich sie nicht verstehen konnte. Sie setzten sich auf der anderen Seite des Parks unter einen Baum und fingen an, sich zu unterhalten – wahrscheinlich über das Wetter oder ihren Tag oder was auch immer ältere Paare so reden.

Eine junge Mutter ging mit ihrem Baby an mir vorbei. Sie trug einen kleinen blauen Rucksack und das Kind eine Jeansjacke mit Elefanten darauf. Die Frau mit dunklem, unordentlichem Haar trug roten Lippenstift und hatte eine Art Engel-Tätowierung auf ihrem Arm.

Ich lächelte und widmete mich wieder meinem Buch. Nach einer Weile bemerkte ich, dass ich nicht mehr allein war. Ein kleines Mädchen mit blonden Locken saß neben mir und spielte mit einem grünen Ball. Sie sah mich an und lächelte, sagte aber nichts. Ich lächelte zurück und vertiefte mich wieder in mein Buch. Doch ich spürte, dass sie mich die ganze Zeit beobachtete.

Schließlich fragte sie: »Warum liest du ein Buch?«

Ich sah sie an und antwortete: »Weil ich es mag.« Sie nickte verständnisvoll und fragte: »Was ist das für ein Buch?« Ich erzählte ihr ein bisschen über die Geschichte und warum ich es mochte. Sie hörte aufmerksam zu und stellte viele Fragen. Bald stellte ich fest, dass ich das Buch gar nicht mehr so interessant fand wie die Gespräche mit dem Mädchen. Wir sprachen über Bücher, Filme, Musik und was uns sonst noch so interessierte. Die Zeit verging wie im Flug, und schon bald wurde es dunkel. Das kleine Mädchen stand auf und sagte: »Ich muss jetzt nach Hause«, lächelte mich an und rief: »Auf Wiedersehen!« Dann rannte sie davon. Ich blieb noch eine Weile sitzen und dachte über unsere Begegnung nach. Dann stand ich ebenfalls auf und ging nach Hause.

Für mich ist es immer wieder eine besondere Erfahrung, wenn ich mich an Orten befinde, an denen niemand mich kennt und ich die Dinge um mich herum anders wahrnehme. Dann fühle ich mich am wohlsten und kann mich vollkommen auf das einlassen, was ich sehe und höre.

Als Kind spielte ich oft an Plätzen, die mir vertraut waren. Doch irgendwann stellte ich fest, dass ich mich auch an Orten wohlfühlte, die mir unbekannt waren. Das Gefühl der Fremdheit war für mich spannend und aufregend, und ich machte viele interessante Erfahrungen. An Orten, von denen ich nichts wusste. Ich fuhr zum Beispiel einmal mit dem Zug zu meinen Großeltern aufs Land. Außer mir war niemand im Zug. Es war eine lange Reise, und die Landschaft veränderte sich langsam vom geschäftigen Stadtleben über Getreidefelder und dann zu weißen Hügeln mit schneebedeckten Bergen in der Ferne. So etwas hatte ich noch nie gesehen. Dieser Moment der Fremdheit war mir damals schon eine positive Erfahrung.

Auch wenn ich die Sprache in fernen Ländern nicht beherrschte, konnte ich mich doch mit Händen und Füßen verständigen und so meine Umgebung erkunden. Dieser Wunsch nach Abenteuer und Neuem ist bis heute geblieben. Immer wieder zieht es mich in die Ferne, in Länder und Städte, wo ich noch nie gewesen bin. Dort lasse ich mich fallen und erlebe die Welt mit all ihren Facetten. Es ist für mich immer wieder ein großes Geschenk, dieses Fremdsein zu erleben und mein Leben damit bereichern zu können.

Distanz ist etwas, das in Königshäusern normal zu sein scheint. Der Wunsch nach Abstand, ich selbst zu sein, ist auch etwas, was mich mit Sisi verbindet. Sie war eine starke und unabhängige Frau, die ihr Schicksal in ihre eigenen Hände nehmen wollte, egal wie schwer es ihr gemacht wurde. Auch wenn sie von vielen Menschen umgeben war, hatte sie doch immer den Eindruck, allein zu sein. Distanz ist also etwas, das ich sehr gut verstehen kann.

Das Leben als Frau in dieser Zeit machte Sisi das Leben schwer. Es gab keine berufstätigen Frauen. Frauen wurden bis zu ihrer Heirat als Kinder angesehen, und es wurde von ihnen erwartet, dass sie nach der Vermählung den Wünschen ihrer Ehemänner folgten. Mit anderen Worten: Die Gesellschaft diktierte, dass Frauen keine Stimme haben sollten.

Andererseits war Sisis Leben kompliziert, weil sie gleichzeitig gegen diese beiden Kräfte kämpfte. Sisi schien sich distanzieren zu wollen, um sie selbst zu sein und ihren eigenen Wünschen zu folgen, im Gegensatz zu dem, was von der Gesellschaft von ihr erwartet wurde: die Wünsche ihres Mannes und der damaligen Hofgesellschaft zu erfüllen.

Ich denke über Sisi nach, die Kaiserin von Österreich. Ich weiß nicht, ob es die Gemeinsamkeiten sind oder einfach nur die Tatsache, dass ich mich ihr so verbunden fühle – aber irgendetwas gibt mir die Gewissheit, dass wir zusammengehören. Sie lebte in einer anderen Welt als ich, in einem goldenen Käfig voller Luxus und Macht – aber ich spüre trotzdem, dass sie einsam war.

Durch ihren offenen und freundlichen Umgang mit Menschen kam sie vielen sehr nah und rührte auch die einfachen Leute zutiefst. Doch weil sie so viel Nähe zuließ, geriet sie auch an viele neidische und boshafte Menschen. Sie lernte also schon früh, dass es wichtig ist, auch in der Öffentlichkeit Abstand zu halten und sich nicht zu weit zu öffnen.

Wien, 1855

Es war ein stürmischer Tag, als ich in meinen luxuriösen Gemächern im Kaiserhof unglücklich auf und ab ging. Der Hof erdrückte mich mit seinen Vorschriften und schien mich völlig einzuschließen. Meine Sehnsucht nach Freiheit war größer als alles andere, aber ich konnte mir einfach nicht vorstellen, wie ich den Klauen des konservativen Hofs entfliehen konnte.

Die Sehnsucht nach Freiheit beherrschte meine Gedanken. Tagträume, in denen ich durch die weiten Felder Österreichs galoppierte und mit den Tieren sprach, gaben mir einen einzigartigen Ausweg. Eines Tages beschloss ich, meine Abende nicht mit Veranstaltungen am Hof zu verbringen, sondern mir Zeit für mich selbst zu nehmen. Ich zog mich mich in mein Zimmer zurück und las Bücher, schrieb Gedichte oder träumte vor dem Kamin. Aber noch viel wichtiger war für mich, dass ich jede freie Minute draußen verbrachte – sei es im Park, im Garten oder in den wilden Wäldern.

Meine neue Freiheit hatte mich verändert. Ich entwickelte eine rebellische Ader und einen einzigartigen Sinn für Individualismus, der mich völlig verzauberte. Mit jeder Nacht, die ich für mich selbst genoss, sah ich mehr und mehr einem Leben voller Freiheit entgegen und vergaß meine Verpflichtungen als Mitglied des kaiserlichen Hofs. So lernte ich, mich täglich für die Freiheit zu entscheiden und meiner eigenen Bestimmung zu folgen. Der neu erwachte Mut und die starke Persönlichkeit, die mein neues Leben begleitete, erlaubten mir, mich dem Hof zu stellen. Ich erinnerte mich daran, wer ich in Wahrheit war, und lehrte die Welt, dass ich mich der Kette der Monarchie widersetzen konnte.

»Es ist nicht so, als hätte ich keine Ahnung von Etikette«, sagte ich zu meiner Zofe. »Ich weiß, dass es sich nicht schickt, allein in die Öffentlichkeit zu gehen oder ein Fenster zu öffnen.«

»Aber Kaiserin«, antwortete die Zofe. »Es ist nicht bloße Etikette. Es ist gefährlich. Ihr seid die Kaiserin und müsst euch schützen.« Ich seufzte und wusste, dass die Zofe recht hatte – fühlte mich aber dennoch wie ein Vogel im Käfig. So etwas hatte ich noch nie erlebt, und ich hasste es, ständig beaufsichtigt zu werden. Meine Schwiegermutter Sophie behandelte mich wie ein Kind – ständig ermahnte sie mich, was ich alles zu tun und zu lassen hatte und was nicht.

Sophie war eine sehr große Frau, und ihren intensiven, dunklen Augen entging nichts, was ich tat. »Ich gehe nur etwas nach draußen an die frische Luft«, sagte ich.

Obwohl ich die Etikette kannte, fühlte ich mich wegen der Aufsicht im Palast wie eine Gefangene. Doch ich verstand, dass ich nie allein war – so würde es jeder Adeligen ergehen.

Ich war in einer schwierigen Situation, und der Gedanke an Flucht drängte sich mir häufig auf. Da waren aber auch noch andere Prioritäten: Die Stellung als zukünftige Kaiserin des Reiches war etwas mehr als nur ein Ziel – es bedeutete Macht und Einfluss in der Gesellschaft, Dinge bewirken zu können, die für Frauen ohne Titel vielleicht gar nicht denkbar waren!

Letztlich ist es dieser Traum, der Menschen eine treibende Kraft gibt, Widerstände überwindbar zu machen: ein tiefes Verlangen danach, dem Schicksal oder manch anderem misslichen Umstand dennoch gewappnet entgegenzutreten.

Ich hob den Kopf und sah mich wieder dem abendlichen Ablauf des Hofes gegenüber. Doch bevor ich am Tisch Platz nahm, erinnerte ich mich an eine Erzählung meines Vaters vor langer Zeit. »Nein«, murmelte ich vor mich hin. »Ich kann mein Schicksal in meine eigene Hand nehmen!«

»Ich möchte Bier zum Essen«, sagte ich laut und bestimmend.

»Eure Majestät, das ist nicht angemessen«, erwiderte der Diener. »Bitte trinken Sie Wein.«

Ich seufzte. »Wein ist so schwer und süß – ich habe keinen Appetit auf Wein.«

»Aber Majestät …«

»Nein, ich bestehe darauf«, fiel ich dem Mann ins Wort. »Bringt mir ein Glas Bier.«

Der Diener wollte noch etwas sagen, doch da hatte ich schon die Hand erhoben zum Zeichen, dass ich nichts weiter hören wollte. Er seufzte und ging in die Küche, um dem Wunsch nachzukommen. Als er kurze Zeit später mit einem Glas Bier zurückkehrte, sah er, dass ich mich bereits an den Tisch gesetzt hatte und mein Essen verspeiste – ohne Handschuhe!

Der Diener blieb wie angewurzelt stehen und starrte mich entsetzt an.

Sisi von Österreich war eine mutige und entschlossene Frau. Sie weigerte sich, sich an die Konventionen zu halten, und schuf stattdessen ihre eigenen Regeln. So bestand sie darauf, Bier zum Essen zu trinken – obwohl man ihr sagte, dass es für eine Kaiserin nicht schicklich sei. Und als man ihr auch noch verbot, ohne Handschuhe zu essen, weigerte sie sich strikt, sie anzuziehen.

»Ich werde nicht essen wie eine Dame«, sagte ich trotzig. »Ich bin keine Dame – ich bin die Kaiserin!«

Die Bediensteten blickten betreten drein, wagten aber nicht, zu widersprechen. Also holten sie Bier für mich und sahen tatenlos zu, wie ich mit bloßen Händen aß und trank.

Aber die Erzherzogin Sophie ließ keine Gelegenheit aus, um mich zu maßregeln.

»Elisabeth«, sagte sie in eisigem Ton, »ich bin enttäuscht von Ihnen.«

Ich blieb wie angewurzelt stehen und sah meine Schwiegermutter an. Ich wusste nicht, was ich darauf antworten sollte.

»Ich hätte erwartet, dass Sie mehr Anstand zeigen«, fuhr Sophie fort. »Aber offensichtlich habe ich mich in Ihnen getäuscht.«

Ich spürte, wie mir die Tränen in die Augen stiegen. Ich hatte mich so sehr bemüht, der Erzherzogin zu gefallen – aber es schien vergeblich. Sophie hasste mich einfach und machte keinen Hehl daraus.

»Es tut mir leid«, sagte ich leise. »Ich weiß nicht, was ich falsch gemacht habe.«

»Alles!«, erwiderte Sophie verächtlich.

»Wie bitte?«, fragte ich vorsichtig.

Die Erzherzogin seufzte und schüttelte den Kopf.

»Franz Joseph ist mein Kind, der Kaiser von Österreich«, sagte sie leise. »Und ich bin mir sicher, dass er euch liebt – aber Ihr bringt ihn in Schwierigkeiten! Wenn Ihr weiterhin so unvernünftig seid und euch benehmt wie eine Wilde!«

Ich starrte die Erzherzogin an, konnte nicht glauben, was ich da hörte. Natürlich liebte Franz Joseph mich – sonst hätte er mich ja gar nicht heiraten können! Oder etwa doch? Vielleicht lag genau da das Problem: Die Liebe allein reichte der Erzherzogin nicht aus …

Ich war verunsichert – mehr als das. Denn es gab noch eine weitere Wahrheit, die ich erkennen musste: Wenn wir anfangen zu glauben, dass unsere Ziele unerreichbar sind und wir nicht wagen, auf uns selbst zu vertrauen oder anderen Menschen vertrauen können, geraten wir in Schwierigkeiten.

Ich stand am Fenster meines Schlafzimmers und blickte hinaus auf den Garten. Es war ein schöner Tag, aber ich fühlte mich dennoch traurig und einsam. Ich seufzte leise. Mein Mann Franz Joseph schien gar nicht zu bemerken, wenn ich unglücklich war – er war viel zu beschäftigt mit seinen eigenen Angelegenheiten am Hof. Ich verstand das natürlich, aber manchmal wünschte ich mir trotzdem, er könnte mehr Zeit mit mir verbringen.

Plötzlich ertönte hinter mir eine Stimme: »Warum so traurig?«

Ich fuhr herum und sah Franz Joseph in der Tür stehen. Er trug seine Uniform und hatte die Schirmmütze unter den Arm geklemmt – offensichtlich war er gerade von irgendeiner Amtshandlung zurückgekommen. Aber seine Miene verriet mir, dass er müde und abgespannt wirkte.

»Ach Franz«, sagte ich leise. »Ich bin nicht traurig.« Ich lächelte tapfer, obwohl mein Herz vor Sehnsucht nach ihm pochte.

Franz Joseph kam auf mich zu und umarmte mich liebevoll. »Es tut mir so leid«, sagte er entschuldigend. »Du weißt doch, wie viel Arbeit es am Hof gibt.«

»Natürlich weiß ich das«, antwortete ich sanft. Wir legten die Köpfe aneinander und schwiegen eine Weile gemeinsam friedlich vor dem Fenster …

Er nahm mich in den Arm, und ich lehnte meinen Kopf an seine Schulter. In diesem Augenblick fühlte ich mich geborgen und glücklich – alles andere war unwichtig.

Es gab jedoch auch Zeiten, in denen ich vergaß, was es bedeutete, glücklich zu sein. Dann saß ich einfach nur ruhig da und starrte vor mich hin. Dann aber fiel mein Blick auf Franz Joseph, und etwas in mir rührte sich. Ich beobachtete, wie er am Hof von Wien umherging und seinen Pflichten nachkam – so ernst und konzentriert. Und plötzlich spürte ich Liebe in mir aufwallen. Ich liebte diesen Mann trotz allem – auch wenn er keine Zeit für mich hatte.

Ich war oft unglücklich, seit ich am Wiener Hof war. Ich vermisste meine Freiheit und die Abenteuer, die ich in meiner Jugend erlebt hatte. Mein Mann Franz Joseph war ein guter Mann, aber er konnte mich nicht glücklich machen. Doch dann, als ich 17 Jahre alt war, ließ mein Arzt mir mitteilen: Ich war schwanger! Ich rannte, so schnell ich konnte, durch die Gänge des Schlosses, auf der Suche nach Franz Joseph, um ihm die frohe Botschaft zu überbringen. Als ich seine Gemächer erreicht hatte, rief ich nach ihm, und kurz darauf platzte es aus mir heraus. »Ich bin schwanger! Der Arzt hat es gerade bestätigt.« Ich war so glücklich! Mein Herz schlug schneller, als ich sah, wie glücklich auch Franz Joseph war. Er umarmte mich und drückte mich fest an sich. »Das ist ja wunderbar!«, sagte er. »Wir bekommen Nachwuchs.«

Es war immer mein größter Wunsch gewesen, eine Familie zu haben und endlich ein Kind zu bekommen. Ich konnte es kaum erwarten, Franz Joseph die frohe Botschaft zu überbringen. Als ich ihm die Nachricht überbrachte, war er genauso glücklich wie ich. Er umarmte mich und küsste mich voller Liebe und Freude. Da wusste ich, dass alles gut werden würde, dass mit uns beiden an der Spitze unserer Kaiserreiche nichts unserem Glück im Weg stehen würde.

Die Hebamme legte das kleine Bündel in meine Arme, und ich lächelte voller Stolz auf mein erstes Kind. Es war ein Mädchen, und wir nannten sie Sophie. Wie wunderschön, meine Tochter in den Armen zu halten und zu streicheln. Leider musste ich mich schon bald wieder den Staatsgeschäften widmen und hatte nicht viel Zeit für sie.

»Ich wünschte, ich könnte mehr Zeit mit dir verbringen«, flüsterte ich meiner Tochter zu, »aber ich muss mich um so viele Dinge kümmern.« Sophie blickte mich an und schien zu verstehen, was ich sagte. Ich seufzte leise. Ich hatte so sehr gehofft, mehr Zeit für mein Kind haben zu dürfen – aber als Frau des Kaisers von Österreich musste ich mich nun einmal mit den Angelegenheiten des Reiches beschäftigen. Das war meine Pflicht – auch wenn es manchmal schwerfiel … außerdem fühlte ich mich unentwegt beobachtet – von den Bediensteten im Palast, von meiner Schwiegermutter und ihren Spitzeln, die ihr über mein Leben berichteten, …

»Wieso so kühl, Hoheit?«, fragte die Gräfin, die zu meinen Hofdamen gehörte. »Ich habe nur getan, was ich für meine Pflicht hielt.« Ich wandte mich ab. Ich hatte diese Frau von Beginn an nicht gemocht und wusste nun auch warum: Die Gräfin genoss es offenbar, jedes kleinste Detail über mich der Kaiserinmutter zu berichten – ganz gleich, ob es gut oder schlecht war.

»Pflicht ist es, der Kaiserin treu zu dienen«, sagte ich leise. »Nicht, ihr hinterher zu spionieren und alles auszuplaudern.«

Die Gräfin seufzte. »Die Kaiserin Sophie ist die Erzherzogin. Es ist ihre Pflicht, alles zu wissen, was Sie betrifft«, sagte sie mit einem zynischen Unterton. »Ich werde ihr loyal bleiben.«

Ich musterte die Frau prüfend. Ich wusste, dass es sinnlos war, weiter zu reden.

Immerzu hörten alle aufmerksam zu, wenn ich etwas sagte, und beobachteten, was ich tat, und analysierten es. Ich durfte keinen Fehler machen, sonst würde man mir vorwerfen, ungeeignet für die Position der Kaiserin zu sein. Diese Last war oft schwer zu tragen. Doch ich wusste auch, dass ich eine starke Frau war. Ich hatte mit vielen Hindernissen in meinem Leben fertig werden müssen und würde auch diese Hürde meistern. Nur mit Ruhe und Gelassenheit konnte ich mein Kaiserreich regieren – genau so, wie mein Mann Franz Joseph es von mir erwartete. »Wir sehen uns morgen«, sagte ich, bevor ich den Raum verließ.

»Darf ich Sie nicht begleiten?«, fragte die Gräfin und klang ein wenig verletzt.

»Ich brauche nicht beobachtet zu werden«, erwiderte ich, ohne mich umzusehen. »Mir wird es gut gehen.« Ich versuchte, meine Stimme unbesorgt klingen zu lassen, aber ich wusste, dass die Gräfin mich nicht kampflos gehen lassen würde.

»Wie Sie wünschen«, sagte sie seufzend.

Ich bemerkte die unangenehmen Blicke der Hofdamen, als ich an ihnen vorüberging. Ich wusste, dass sie hinter meinem Rücken über mich tuschelten, und lächelte nur traurig. Es war nicht so, dass ich es nicht verstand – natürlich musste ich repräsentativ sein und am Wiener Hof Konventionen einhalten. Ich hasste die Aufmerksamkeit und die Hierarchien beim Hof. Das fortwährende Intrigenspiel trieb mir den Angstschweiß auf die Stirn. Als ob das noch nicht genug wäre, musste ich jeden Tag unangenehme öffentliche Verpflichtungen erfüllen. Dennoch ließ ich mich von alledem nicht beirren. Ich ging erhobenen Hauptes und mit stolzer Miene vorwärts und glaubte fest daran, dass sich die Dinge irgendwann zum Besseren wenden würden. Ich musste nur Geduld haben. Bis jetzt hatte ich recht gehabt, aber es wurde immer schwieriger, an die Zukunft zu glauben.

1857, nur ein Jahr nach der Geburt meiner ersten Tochter, kam meine Tochter Gisela zur Welt.

Die Wehen hatten eingesetzt, und ich wusste, dass es bald soweit war. Mein Gatte Franz Joseph eilte mir zur Seite und rief nach den Hebammen. Die Ärztin kam schnell und stellte fest, dass meine Fruchtblase geplatzt war und die Geburt bald beginnen würde.

Hebammen liefen hin und her, um alles vorzubereiten. Ich lag in dem großen Bett im Schlafzimmer des Kaiserpaares in der Wiener Hofburg und atmete tief durch, um mich zu beruhigen. Franz Joseph hielt meine Hand ganz fest.

»Ich bin ja bei dir«, sagte er leise zu mir. »Du schaffst das.«

Ich spürte, wie die Schmerzen immer stärker wurden. Doch ich biss die Zähne zusammen und konzentrierte mich auf meine Atmung. Nach einer endlosen Stunde ließen die Schmerzen endlich nach – erleichtert, aber glücklich hielt ich mein neugeborenes Baby in den Armen: ein Mädchen! Wir nannten sie Gisela.

»Gisela ist ein Wunder«, flüsterte ich, als ich meine kleine Tochter im Arm hielt. »Einfach perfekt.« Mein Mann Franz Joseph saß neben mir auf dem Bett und lächelte liebevoll, als er sah, wie ich das Baby sanft streichelte. Es war noch gar nicht lange her, seit ich ihm die frohe Botschaft von meiner Schwangerschaft überbracht hatte – und nun war Gisela da. Sie hatte dunkelbraunes Haar und große blaue Augen; sie war genauso hübsch wie ich.

In wenigen Tagen stand eine Staatsreise nach Ungarn an, die wir gemeinsam unternehmen wollten.

»Ich bin so froh, dass sich unser Wunsch erfüllt hat«, sagte ich leise. »Und ich danke dir, Liebling, dass du unseren Töchtern erlaubst mitzukommen.«

Ich hatte inständig darum gebeten, dass mich die beiden Mädchen auf meine Reise nach Ungarn begleiteten. Ich wollte sie so gerne in meiner Nähe haben – besonders nach Giselas Geburt.

»Natürlich« sagte Franz-Joseph sanft. »Es ist doch unsere Familienreise.« Dann drückte ich Giselas Kopf an meine Brust und schloss die Augen; es tat so gut, endlich alle Sorgen vergessen zu können und einfach nur im Augenblick zu leben.

»Nein, ich werde nicht zulassen, dass du, die Kaiserin von Österreich, mit einem Säugling und einem Kleinkind allein Ungarn besuchst!«, rief Erzherzogin Sophie empört. »Das ist viel zu gefährlich!«

»Aber«, erwiderte ich ruhig, »ich bin kein kleines Mädchen mehr. Ich kann auf mich selbst achtgeben – und auf meine Kinder.«

»Und was, wenn etwas geschieht?«, fragte die Erzherzogin weiter. »Du bist verantwortlich für die Sicherheit des Kaiserreiches! Du kannst nicht einfach alles stehen und liegen lassen und dich auf eine Reise begeben!«

»Bitte!«, sagte ich flehentlich. »Wir sind schon so lange getrennt von unseren Kindern – ich will sie nicht noch länger allein lassen.

Sophie sah ihre Schwiegertochter an und seufzte resigniert. Sie wusste, dass es keinen Sinn hatte, weiter mit ihr zu diskutieren. Also nickte sie schließlich widerstrebend und stimmte dem Vorhaben der jungen Kaiserin zu …

Ich blickte auf das neugeborene Kind in meinen Armen und lächelte. Dann schaute ich zu meiner Tochter Sophie, die neben mir stand und mich mit großen Augen ansah. Ich wusste, dass es nicht einfach war, mit zwei kleinen Kindern zu reisen – aber ich wollte einfach nicht so lange von ihnen getrennt sein. Also setzte ich mich gegen meine Schwiegermutter durch und bestand darauf, beide Kinder mitzunehmen. Natürlich war es anstrengend, aber ich genoss jede Minute mit meinen Lieblingen.

Die Reise verlief problemlos, und Sophie genoss es, in der ihr fremden Umgebung herumzutollen. Eines Tages jedoch bekam sie Fieber, und binnen weniger Stunden verschlechterte sich ihr Zustand dramatisch. Sophie starb kurze Zeit später in meinen Armen. Der Schock über den Tod meiner Tochter führte dazu, dass ich fortan ein Leben in Abgeschiedenheit und Einsamkeit führen wollte.

Ich versuchte, mich der Welt zu entziehen und vergrub mich tagelang in meinem Kummer. Meine Zofen taten alles, was ihnen nur in den Sinn kam, um meine emotionale Hülle zu durchbrechen, aber nichts half. Ich hatte etwas in mir selbst verloren, einen Teil meiner Seele. Hungrig und weinend wollte ich nur allein sein und den Schmerz begreifen, den ich mit niemandem teilen konnte. Es gab nichts mehr, für das es sich lohnte zu leben, und die Leere war unerträglich.

Sophie war ein wundervolles kleines Mädchen gewesen. Sie hatte strahlend blaue Augen und hellbraunes Haar, das ihr in weichen Locken um das Gesicht fiel. Mit ihrem Lachen konnte sie die ganze Welt erfreuen – und mit ihrer Liebe konnte sie alle Herzen berühren. Ihr Tod traf mich wie ein Schlag. Er war so plötzlich und so unerwartet gekommen. Ich war völlig am Boden zerstört und konnte nicht glauben, dass mein hübsches kleines Mädchen nicht mehr bei mir sein sollte. Die Erinnerung an Sophie blieb jedoch lebendig in meinem Herzen und ich wusste, dass sie immer bei mir sein würde.

Ich lag in meinem Bett und weinte leise vor mich hin. Ich wusste, dass ich funktionieren musste – als Kaiserin von Österreich durfte ich keine Schwäche zeigen. Aber die Trauer überwältigte mich und raubte mir alle Kraft. Ich fühlte mich so allein, dass sich meine Diener in meiner Gegenwart unbehaglich fühlten und ich ihre mitfühlenden und mitleidigen Blicke nicht mehr ertrug.

»Oh Sophie! Ich vermisse dich so sehr! Wie sehr wünschte ich mir, du wärst hier bei mir!«, flüsterte ich weinend in mein Kissen. Untröstlich wie ein Vogel, dessen Nest in einer kalten Winternacht zerstört wird – so beschrieb eine meiner Hofdamen, Baroness Beecher, meine Gefühle nach Sophies Tod. Sie sagte auch, dass Sophies Tod nicht nur für mich, sondern für das ganze österreichische Kaiserreich ein Schlag gewesen sei. Vor allem die Erzherzogin trauerte um ihre Enkelin, aber niemand wagte, mir in meiner Trauer einen Vorwurf zu machen.

Ich musste weiterleben, aber oft wusste ich nicht, wie. Auch am Hof wurde es nicht leichter für mich. Ich fühlte mich wie ein Vogel im Käfig und langweilte mich in meinem goldenen Palast. Ich sehnte mich nach Freiheit und Abenteuern, doch mein Mann

Kaiser Franz Joseph war viel zu beschäftigt mit seinen Regierungsgeschäften, um mir die Aufmerksamkeit zu schenken, die ich brauchte.

Anfang September 1858 kam dann endlich der langersehnte Thronfolger Rudolf auf die Welt – alles, was ich mir erträumt hatte. Er war schön, intelligent und ich verliebte mich sofort in ihn, als ich ihn sah. Jetzt, da ich einen Sohn hatte, keimte eine neue Hoffnung, für die ich leben konnte.

Ich lag in meinem Bett und starrte an die Decke. Ich war so müde, konnte aber einfach nicht schlafen. Rudolfs Geburt hatte mich völlig erschöpft – und seitdem quälten mich Milchandrang und Fieberschübe. Mein Mann Franz Joseph saß neben mir und hielt meine Hand. Er wusste, wie sehr ich litt, konnte jedoch nichts tun, um mir zu helfen. Die Ärzte hatten gesagt, es sei normal für eine Frau in meiner Situation – trotzdem machte es Franz Joseph traurig, mich so leiden zu sehen. »Wirst du bald wieder gesund?«, fragte er leise und strich mir sanft über die Stirn. »Ich vermisse dich.« Ich nickte tapfer.

»Natürlich werde ich wieder gesund« sagte ich matt. »Es ist alles nur etwas viel für mich in letzter Zeit.« Franz Joseph drückte noch einmal kurz meine Hand, bevor er aufstand und zum Kinderbettchen hinüberging, in dem Rudolf friedlich schlief. Sein Sohn war sein größtes Glück, sein ersehnter Thronfolger. Franz Joseph betrachtete ihn voller Liebe und Hoffnung. Er wusste, dass Rudolf eines Tages der Kaiser von Österreich-Ungarn sein würde – und war entschlossen, alles zu tun, um ihn auf seine Aufgabe vorzubereiten. Er würde ihm beibringen, Verantwortung zu übernehmen und für das Wohl seines Landes einzustehen. So stand Franz Joseph da, betrachtete den schlafenden Rudolf und betete, dass die Zukunft des jungen Kaisers in guten Händen liegen möge.

Ich freute mich sehr über den kleinen Jungen, doch musste ich mit ansehen, wie Kaisermutter Sophie ihn gleich nach der Geburt in den Palast brachte. Dort sollte er eine strenge militärische Ausbildung erhalten, ganz anders, als ich es mir für ihn gewünscht hätte. Als Mutter durfte ich keines meiner Kinder erziehen, was ich nicht verstand.

Wieder fühlte ich mich allein wie nie zuvor in meinem Leben. Ich lag im Bett und hustete immer wieder, bis mir die Kehle brannte und ich befürchtete, keine Luft mehr zu bekommen. Ich spürte, wie mein Körper immer schwächer wurde. Und doch erhob ich mich irgendwann aus dem Bett und ging hinaus in den Hof, wo mein Pferd wartete. Langsam stieg ich in den Sattel und ließ das Tier um den Hof traben. Ich wusste, dass ich ständig beobachtet wurde, aber es war mir gleich. Ich ritt lange, bis der Tag vergangen schien. Dann lenkte ich das Pferd zurück zum Palast.

Seit Tagen schon quälte mich dieser Husten, wurde immer schlimmer, und meine Krankheit machte es mir unmöglich, so weiterzuleben. Meine Kinder bekam ich kaum zu Gesicht – was mir unendlich schwerfiel zu akzeptieren. Welch ein Leben! Niemals hätte ich mir vorgestellt, einen so hohen Preis zahlen zu müssen. Wehmütig blickte ich in die Ferne: Der Garten lag still da; die Blumen hingen kraftlos herunter, und selbst die Vögel sangen nicht mehr – als ob sie spürten, dass etwas nicht in Ordnung war. Früher hatte ich diesen Garten so liebevoll gepflegt, er hatte mich getröstet oder inspiriert – je nach Laune – doch jetzt wirkten alle Pflanzen starr und leblos – sie konnten mir keinerlei Trost spenden.

Wien, 2020

Ich war mir nicht sicher, ob ich das, was ich entdeckt hatte, tatsächlich glauben konnte. Noch hatte ich mit niemandem darüber gesprochen – ich wusste nicht einmal, ob ich es jemals tun würde. Aber die Zweifel nagten an mir und ließen mich keine Ruhe finden.

Wien ist im Januar sehr melancholisch. Die Tage sind kurz und grau und die Luft schwer von Nebel. Ich fühlte mich einsam und verloren in dieser Stadt und hatte manchmal den Eindruck, als würde Sisis Geist neben mir hergehen und mich begleiten. Ich war froh, als ich endlich in meinem Hotelzimmer ankam. Ich legte meinen Mantel ab und setzte mich ans Feuer des Kamins, um mich aufzuwärmen. Dabei fragte ich mich erneut: Habe ICH etwas entdeckt, oder bilde ICH es mir bloß ein?

Ich kann mich noch gut an das Gemälde erinnern, das vor etwa zwei Jahren in der Galerie in Mallorca ausgestellt wurde. Damals hatte ich die Kaiserin daraus entfernt, weil ich befürchtete, Fragen zu meiner Beziehung zu der historischen Persönlichkeit Sisi beantworten zu müssen. Jetzt wurde mir klar, dass es ein Fehler gewesen sein könnte, sie aus dem Bild zu nehmen.

Das Bild zeigt Ludwig Salvator, den Erzherzog von Österreich. Er war ein begeisterter Naturforscher und liebte es, die Schönheiten der Insel Mallorca zu erkunden. Heute ist er weitläufig als der »Entdecker Mallorcas« bekannt, und seine naturwissenschaftlichen Studien des Mittelmeerraumes sind legendär. Doch was viele Menschen nicht wissen, ist, dass Ludwig auch eine enge Freundschaft mit Kaiserin Sisi pflegte. Die beiden hatten sich kurz nach Sisis Hochzeit kennengelernt und waren sofort Freunde geworden. Obwohl Ludwig als Erzherzog von Österreich Mitglied der kaiserlichen Familie war, fühlte er sich oft einsam in dem großen Hofstaat. Sisi jedoch verstand ihn, und die beiden teilten viele Interessen, sodass sie bald eng befreundet waren. Oft trafen sie sich heimlich, um miteinander zu plaudern oder einfach nur in der Natur spazieren zu gehen. Für Ludwig war es eine Oase der Ruhe, mit jemandem reden zu können, der ihn verstand – und für Sisi bedeutete es ebenfalls sehr viel, endlich jemanden gefunden zu haben, dem sie vertrauen konnte. Die beiden blieben über viele Jahre Freunde und pflegten eine enge Beziehung.

Ihm ist es zu verdanken, dass wir heute auf kleinen Mäuerchen sitzen und den Ausblick auf die Insel genießen können. »Miradores« werden diese kleinen Aussichtspunkte genannt. Es war eine schöne Idee von ihm. Und das Wichtigste: Es funktioniert. Denn sonst würden sich auf den Mäuerchen keine Leute tummeln und reden, lachen und genießen – so wie jetzt.

1867 kaufte der Erzherzog einen mehrere Kilometer langen Streifen an der Westküste Mallorcas. Auf diesem Gelände durfte kein Baum gefällt, kein Haus errichtet werden; und alle Tiere, die nicht zu Nahrungszwecken gehalten wurden, konnten dort bis zu ihrem natürlichen Tode ein ungestörtes Leben führen.

Ich träumte in dieser Nacht einen ungewöhnlichen Traum. Ich war an einem Ort, den ich gut kannte. Es war der Badesteg hinter der Finca meiner Eltern auf Mallorca. Der Himmel war wolkenlos, die Sonne schien. Ich trug ein wunderschönes weißes, perlenbesticktes Kleid. Meine Haare waren offen und wehten im Wind. Ich fühlte mich glücklich und frei. Ich stand am Badesteg. Die Sonne schien warm auf meine Haut, und ich genoss das Gefühl der Freiheit.

Plötzlich tauchte Sisi, die Kaiserin von Österreich, neben mir auf. Sie war nackt und planschte fröhlich lachend im Meer. Auf ihrem Rücken hatte sie ein Tattoo, einen Anker. Sisi lächelte mich an, und ich spürte eine große Vertrautheit. Wir blickten uns tief in die Augen, und ich erkannte, dass wir Seelenschwestern waren. Dann streckte sie mir ihre Hand entgegen und ich ergriff sie. Sie war warm und voller Energie. Sisi erzählte mir, dass wir uns am Ende alle auf unsere eigene Art und Weise treu bleiben müssen. Wir müssen für uns selbst kämpfen, gegen die Konvention rebellieren und unser persönliches Glück suchen – andernfalls haben wir nicht verdient, frei zu sein! Ihr Anker-Tattoo symbolisierte ihren Mut, sich an dieses Ziel zu halten; egal was auch komme. Sie forderte mich auf, meinen Standpunkt festzulegen und meine Ideale immer hochzuhalten – so lange wie möglich – und sie ohne Nachteile in Kauf zu nehmen oder Kompromisse zu schließen, die mir nicht guttun würden, so wie sie es tat.

Sisi half mir zu erkennen, dass ich mich meiner Kleinheit, meiner Unvollkommenheiten und meiner Ängste nicht schämen sollte: dass sie ein Teil von mir sind und ich ein Teil von ihnen sei. Es gebe immer Raum für Verbesserungen, aber selbst dann sei es unmöglich, alles über Nacht zu ändern. Es würde Jahrhunderte dauern, um vollständig zu ändern, wer wir sind und was wir tun. Also müssen wir einfach alles akzeptieren, was wir sind und unser Bestes geben – und mit den Konsequenzen leben.

Sisi liebte es, wenn sie nackt baden oder sonnen konnte. Sie fühlte sich dem Meer und der Natur so nah, und sie schien eins mit ihnen zu werden. An manchen ihrer Reiseorte ließ Sisi extra einen Steg ins Meer bauen, damit sie bequem ins Wasser gelangen konnte. Am Ende des Steges befand sich dann immer ein kleines Zelt, wo die Kaiserin sich ganz entkleiden und ungestört ins weite Meer hinausschwimmen konnte. Auch in Bad Ischl, auf ihrem Berg gleich hinter der Kaiservilla, suchte Sisi gerne Orte auf, an denen sie unbeobachtet war und sich vollkommen frei fühlen konnte. Dort zog sie sich dann immer ganz aus und genoss die Sonne und das Wasser in vollen Zügen.

Auch wenn Sisi wegen ihrer Position als Kaiserin nur selten allein war, so suchte und fand sie doch immer wieder Momente für sich, in denen sie sich ganz nah mit der Natur verbunden fühlte. Sisi fühlte sich stets stark mit der Natur verbunden, und das Meer war ihr besonderer Liebling. Sie liebte es, durch die Wellen zu schwimmen und die kühle Luft auf ihrem Gesicht zu spüren.

Dieses Gefühl der Freiheit und des Friedens ließ sie jedes Mal aufs Neue schweben. Es ist schön, zu sehen, wie viel Sisi der Natur verdankte und wie sie den Augenblick in vollen Zügen auskostete. Auf ihren Reisen suchte sie Orte auf, an denen sie der Natur nahe war, malte Bilder von den Landschaften oder schrieb Gedichte über das Meer. Es ist schön, zu wissen, dass Sisi trotz der stressigen Zeit als Kaiserin immer wieder Freiheit und Zeiten des Friedens finden konnte.

Ich wachte auf, und mein erster Gedanke war: Das war ein unglaublicher Traum!

Ich lag in meinem Bett und brauchte ein paar Minuten, um im Hier und Jetzt anzukommen. Ich konnte nicht glauben, was ich gerade geträumt hatte – es war so realistisch! Also stand ich auf und ging ins Wohnzimmer, um meinen Laptop zu holen. Als ich im Internet recherchierte, stellte ich fest, dass alles stimmte: Sisi war tatsächlich mehrere Male auf Mallorca gewesen und liebte es, nackt zu baden! Ihr Gedicht über Mallorca fand ich sogar online. Es war also alles wahr – alles, was ich geträumt hatte! Das war mir eine wichtige Lektion: Träume können Erinnerungen sein, aber auch so viel mehr als das. Mein Ziel war es nie, mich an Sisi zu erinnern, mich an dieses Leben zu erinnern. Also begab ich mich auf die Suche und begann umherzureisen und neue Erinnerungen zu erkunden. Mit jeder neuen Erkenntnis verschwand meine Angst vor Unbekanntem allmählich; mit jedem Tag nahmen Neugierde, Mut und Selbstvertrauen in mir stetig zunehmend Fahrt auf! Der Drang, hemmungslos selbstsicher ins Leben hinauszuflitzen, war nun unaufhaltsam geworden – angelegt vom Antrieb meines inneren Kompasses, der mithilfe dieses Traums Richtungsweiser geworden war! Ich war mir nun sicher, dass es die richtige Entscheidung gewesen war, diesen Weg zu gehen.

Die Möwe auf dem Fichtenbaum*
Hoch auf des Berges Spitze,
Im grünen Wipfel sitze,
Die glättet ihres Flügels Saum,
Sie schüttelt ihn vom Nebel frei,
Durchnässt ist ihr Gefieder;
Die Federn liegen nieder
Und dünken ihr fast schwer wie
Blei.
Zur Reise macht sie sich bereit:
»Mein Berg, wir müssen scheiden,
Dein Nebel tut verleiden
Mir jedes ferne Bleiben heut;
Er macht mich elend, macht mich
krank,
Mir bangt nach Licht und Wärme,
Dass ich danach mich härme,
Währt ohnedies schon viel zu lang.
Du Nordsee, bist mir jetzt zu kühl,
Das könnte mich verletzen
Und nimmermehr ersetzen
Im Herz das eisige Gefühl.
Ich brauche Wärme, brauche Licht,
Mich dürstet nach dem Süden,
Nach Pomeranzenblüten;
Dies alles baut dein Herbst mir
nicht.

Ein Zaubereiland,** fern im Meer,
Scheint duftig mich zu grüßen;
Es tanzt zu seinen Füßen
Die warme blaue Flut umher;
Zu lange bin ich schon allein,
Mein Kopf ist müd' vor Sinnen,
Ich will jetzt mit Delphinen
Ergötzen mich im Sonnenschein!

*Elisabeth selbst
** Die griechische Insel Korfu, auf
der Elisabeth sich im Jahre 1887 vier
Wochen aufhielt

Korfu, 1887

Ich setzte mich an meinen Schreibtisch, blickte auf die vor mir liegenden Blätter und erkannte, dass ich in den letzten Monaten so sehr in meine Gedichte vertieft gewesen war, dass ich kaum noch an etwas anderes denken konnte. Nun waren sie fertig – alle meine Gedanken, Wünsche und Sehnsüchte auf Papier festgehalten. Ich nahm einen Briefbogen zur Hand und begann zu schreiben: »Liebe Freunde, ich bitte euch hiermit, meine Gedichtbände erst sechzig Jahre nach meinem Tod zu veröffentlichen. Niemand von uns wird dann mehr am Leben sein und niemand kann so in peinliche Erklärungsnot gebracht werden.« Nachdem ich den Brief beiseitegelegt hatte, betrachtete ich noch einmal mein Werk. Dann stand ich auf, ging zum Bücherschrank hinüber und nahm einen Band heraus. Behutsam legte ich ihn in die oberste Schublade des Schreibtisches, wo er bis zu dem Tag ruhen sollte, an dem er der Öffentlichkeit präsentiert werden durfte – in genau sechzig Jahren.

Ich stellte bald fest, dass mir die Enge der Stadt Wien nicht bekam. Um mich frei zu fühlen und Weite zu haben, beschloss ich, öfter einmal für einige Tage oder Wochen wegzufahren – entweder auf Korfu, nach Mallorca oder auf meiner Yacht »Miramar«. So befreit von den alltäglichen Pflichten konnte ich endlich tun und lassen, was ich wollte, ohne von jemandem beobachtet oder an irgendwelche Pflichten erinnert zu werden. Als die Sonne schien und es angenehm warm war – perfekt für einen Strandtag! – begab ich mich ans Meer. Dort lag ich im Sand, sah den Wellen zu und empfand mit einem Mal großes Glück über meine neue Freiheit! »Freiheit! Freiheit!«, rief ich immer wieder.

Bei diesen Gedanken an Sisi stieg ein großes Fernweh in mir auf. Am liebsten wäre ich sofort losgeflogen, um die Sonne und das Meer zu sehen. Also buchte ich spontan einen Flug nach Mallorca. Ich verließ den Flughafen und trat in einen Aufruhr aus blauem Himmel und Gedanken an einen weißen Strand. Ich fühlte mich, als hätte ich alle Sorgen meines Lebens hinter mir gelassen. So sehr hatte Sisi alles für mich verändert!

Eine Möwe bin ich von keinem Land,
Meine Heimat nenne ich keinen Strand,
Mich bindet nicht Ort und nicht Stelle;
Ich fliege von Welle zu Welle

Noch gestern sah ich den schönsten Saphir,[1]
Im tiefsten Blau lag er unter mir,
Bekränzt von Oliven und Myrten,
Die duftige Falter umschwirrten.

(Elisabeth selbst)

---

[1] gemeint ist Schloss Miramare in Triest 1880

5. Kapitel

Es war ein grauer, kalter Februartag in Deutschland. Ich nahm den ersten Flug von Nürnberg aus und hatte im Bordcase Kleider für alle Eventualitäten dabei – Jeans, Shirts, sogar einen Bikini, man wusste ja nie. Dieser frühe Flug heißt im Volksmund »Pyjamaflieger«, weil er um vier Uhr dreißig startete – was bedeutete, dass ich um zwei Uhr morgens aufstehen musste, nach einer schlaflosen Nacht. Alle am Flughafen sahen genauso aus wie ich: Mit zusammengekniffenen Augen und verknittertem Gesicht versuchten wir, unser Gate zu finden. Doch nur zwei Stunden später befanden wir uns auf einer frühlingshaft blühenden Insel und waren alle plötzlich hellwach und gut gelaunt – selbst ich.

Eilig holte ich meinen Wagen vom Flughafen, um so schnell wie möglich aufzubrechen. Meine Augen brauchten eine Weile, um sich nach den dunklen Monaten an die grelle Sonne zu gewöhnen. Ich fuhr über eine beinahe menschenleere Insel und sog den Anblick des frischen Grüns wie ein Lebenselixier in mich ein. Die Luft war geschwängert vom Duft frischer Kräuter, und ich hatte das Gefühl – ja – ich lebte wieder! Mein Ziel war, meinen Weg zu finden und ihn auch in meinem Alltag weiterzugehen. Nach viel Lesen, Lernen und Reflektieren war ich endlich bereit, die Verbindung herzustellen –

zwischen dem kurzen Glücksmoment der Inselreise und den brandneu entdeckten Einsichten über mich selbst. Dank des neugewonnenen Wissens erkannte ich jetzt: Das Leben begann da draußen – doch ich musste gar nicht erst verreisen, um glücklich zu sein! Ich sollte jeden einzelnen Tag so gut wie möglich gestalten – um die Kraft zu haben, mich immer wieder neuen Herausforderung zu stellen oder einfach einmal tief Luft zu holen.

Später saß ich auf der Veranda und beobachtete, wie die Sonne über den Horizont kroch. Die Vögel zwitscherten, und ich hörte das Blöken der Schafe aus der Ferne. Alles fühlte sich so friedlich und ruhig an.

Plötzlich durchströmte mich eine seltsame Energie – als würde mich jemand berühren oder mich streicheln. Es war angenehm, und ich lehnte mich genussvoll zurück.

Ich weiß nicht, was mit mir geschah, aber plötzlich war ich vollkommen ruhig und gelassen. Ich spürte diese Energie immer noch in mir – aber jetzt war es, als würde sie mich tragen oder stärken. Und schon hatte die Vergangenheit mich wieder ...

Ich schaute mich um und war überrascht, wie viel ich nun sehen und fühlen konnte. Der Wind wehte durch die Bäume, und ich spürte, wie er meine Haut streichelte. Die Sonne strahlte hell und warm auf mich herunter, und ich fühlte mich von ihr getragen. Ich sah die Energie der Natur in allem – in den Bäumen, dem Gras, den Vögeln. Es war ein Gefühl der Freude und des Friedens, das ich nie zuvor erlebt hatte, und ich wusste nicht, woher es kam. Mein Verständnis erweiterte sich. Wenn ich einen Baum anschaute, sah ich nicht länger lediglich den Baum, sondern konnte auch die Energie wahrnehmen, die von ihm ausging. Wie kann ich das beschreiben? Es war, als würde ich seine Essenz oder sein Licht empfangen. Die Energie, die ich spürte, schien von der Natur auszugehen. Es war, als ob der Wind meine Seele streichelte, und mein ganzer Körper schien in einer tiefen Harmonie zu vibrieren. Ich erkannte, dass ich nicht länger allein war. Ich war mit meiner Umgebung verbunden, so wie alles mit allem verbunden ist.

Plötzlich war alles um mich herum von grenzenlosem Glück erfüllt, und ich verstand zum ersten Mal, was mir widerfuhr. Ich erkannte die Zusammenhänge des Lebens auf dieser Welt. Unaussprechliche Freude durchströmte meinen Körper, und ich hätte die Welt in diesem Augenblick verlassen können, ohne dass etwas getan oder gesagt werden musste. Alles war vollkommen im Einklang.

Diese innere Empfindung der Freude und des Friedens war unbeschreiblich. Alles, was ich je erlebt hatte, schien bedeutungslos. Auch alle Ängste waren ausgelöscht und schienen fast lächerlich angesichts dessen, was hier geschah. Es ist so schwierig, eine solche Erfahrung in Worte zu fassen. Ich hatte nur noch den einen Wunsch: Ich wollte diesen Zustand nie wieder verlassen. Es war so, als ob sich mein Geist und mein Körper in harmonischem Einklang befanden. Alles um mich herum verschwamm, und ich glaubte, mich endlich selbst zu verstehen. Und dennoch war es auch fast ein wenig unheimlich. Die ganze Welt schien nur noch aus mir selbst zu bestehen. So etwas hatte ich nie zuvor erlebt.

Es ist natürlich schön, sich für eine Weile in einem besonderen Daseinszustand zu befinden. Allerdings müssen wir dann auch wieder zurück ins normale Leben, sonst führt der Weg nicht weiter.

Als ich am nächsten Tag meine Aufgaben als Gärtnerin erledigen wollte, stellte ich fest, dass der Mandelbaum vor meiner Terrasse abgestorben war. Ich musste ihn fällen. Also suchte ich in der Garage nach einer Elektrosäge und einem Verlängerungskabel, aber alles, was ich finden konnte, war ein Fuchsschwanz. Okay, dachte ich, das wird schon funktionieren, und machte mich an die Arbeit.

Am Mittag lag der Baum zu kleinen Stücken zersägt vor mir, und ich spürte jeden Knochen in meinem Körper, aber ich schlief an diesem Abend erschöpft und zufrieden ein. Mitten in der Nacht wurde ich dann von einem schrecklichen Getrampel geweckt, es hörte sich an wie Hufe, die über Terrakottafliesen trabten. Ich erschrak zutiefst, öffnete die Tür in die finstere Nacht und sah, wie eine Herde Schafe mitten auf meiner Terrasse umherlief. Ich vermute, sie waren genauso erschrocken wie ich selbst und galoppierten quer durch meinen Garten davon. Am nächsten Morgen sah ich, dass alle schmackhaften Kulturpflanzen bis auf Schafkopfhöhe abgefressen waren. Gott sei Dank war gleichzeitig auch das Unkraut weg! Da wurde mir klar, dass wir unser Ziel erreichen können, selbst wenn es uns vorübergehend den Boden unter den Füßen wegzuziehen scheint und all unsere Mühe vergeblich war, gibt es noch eine Chance. Mit

Mut und Beharrlichkeit schafft man auch in verzweifelten Situationen die Wende – wie meine Schafe in jener Nacht bewiesen!

Ich stand in der Finca und sah mich um. Die Erinnerungen daran, wie meine Familie zu diesem Ort gekommen war, kehrten zurück und drangen an die Oberfläche. Sehr lebendig und präzise standen mir alle Einzelheiten des Weges, den meine Familie vor so vielen Jahren genommen hatte, vor Augen.

Meine Eltern hatten auf der Insel ein ländliches Grundstück erworben, um dort mit einem Freund eine Finca zu errichten. Der Plan erwies sich jedoch als äußerst schwierig, da mein Vater immer wieder Geld nach Spanien schickte und davon ausging, sein Freund würde es für den Bau des Hauses verwenden – aber in Wahrheit floss das Geld in dessen eigenes Haus. Dort entstanden Pferdestallungen, ein Infinity-Pool und noch mehr Luxus dergleichen.

Mein Vater und ich stiegen aus dem Flugzeug in Palma, Spanien. Als wir am Zielort ankamen, konnten wir deutlich sehen, dass die Finca nicht fertig war – Fenster und Türen fehlten, auf dem Hof stand ein rotes Schrottauto. Beinahe, als hätte sich hier jemand einen Spaß erlaubt. Mein Vater schüttelte den Kopf und legte mir eine Hand auf die Schulter. »Lass uns mal sehen, was hier los ist«, sagte er und ging vor mir her zur Finca. Wir betraten das Gebäude, in dem offenbar gar nichts passiert war. Ich konnte kaum an mich halten, aber mein Vater versuchte, mich zu beruhigen: »Es ist enttäuschend, und es wird lange dauern, bis es fertig ist, aber wir schaffen das.« Trotz des Rückschlags und der herben Enttäuschung blieb er optimistisch, und ich spürte tief in mir drinnen, dass dieser Ort etwas Besonderes werden würde!

Auf Mallorca ist die Entsorgung alter Autos teuer. Deshalb ließen die Menschen früher ihre ausgedienten Wagen einfach irgendwo auf dem Land stehen und verschwanden dann spurlos. Solch ein Auto schien nun Teil unseres Grundstücks zu sein.

Später legten wir den Garten an, und ein Bagger schob unser Auto vor unserer Terrasse zu einem praktischen roten Würfel zusammen, und ich rief begeistert aus: »Schau mal, hier ist unser neuer Blickfang!« Dann schütteten wir Erde darüber, sodass sich eine wunderschöne Palme darauf entwickeln konnte. Ich denke, ihre Wurzeln konnten sich perfekt in den Kurven des Autos verankern.

An jenem Abend stand ich auf dieser Terrasse und wusste, dass sich in meinem Leben etwas ändern würde. Bis dahin hatte ich noch keinerlei Bezug zu Mallorca – es war nur die »Putzfraueninsel«, wie man sie nannte. Aber alles änderte sich an jenem besagten Abend.

Die Schwierigkeiten wollten kein Ende nehmen und brachten meinen Vater zur Verzweiflung. Es stellte sich heraus, dass die Eigentumsverhältnisse geklärt werden mussten und die Baugenehmigungen, gelinde gesagt, nicht völlig in Ordnung waren. Er wollte den Rohbau verkaufen, um den Schaden zu begrenzen. Da begriff ich, dass auch ich etwas tun musste, denn ich war mit seiner Entscheidung nicht einverstanden.

»Nein!«, sagte ich bestimmt. »Wir werden dieses Haus fertigstellen.« Ohne uns über die Kosten im Klaren zu sein, machten wir uns ans Werk.

Das darauffolgende Jahr darauf nutzten Manfred und ich, um uns ein ehrgeiziges Ziel zu erfüllen: die Finca innerhalb von vier Wochen bezugsfertig zu bauen – trotz der begrenzten finanziellen Mittel und der fehlenden Sprachkenntnisse.

Wir verbrachten auf Mallorca eine wunderbare Zeit. Wir besaßen dort ein Haus und konnten unseren Traum vom Leben auf dem Land endlich in die Tat umsetzen. Es gab nur einen kleinen Haken: Wegen unserer spärlichen Finanzen konnten wir leider nicht alles perfekt machen! Unser neues Zuhause hatte zwar einen Garten mit Palmen, Hibiskusgestrüpp und Agaven – aber keinerlei Möbel! Also gingen wir auf den nächsten Müllplatz, um dort etwas Passendes zu finden. Nach langer Suche entdecken wir schließlich zwei dieser weißlichen Plastikgartenstühle, die noch relativ intakt waren, und von unserem restlichen Geld erstanden wir zwei Matratzen, sodass wir nun nicht mehr auf dem Boden schlafen mussten. Heute ist es mir beinahe unbegreiflich, aber damals war es die schönste Zeit auf Mallorca! Ohne Strom und Haustüre saßen wir abends auf der Terrasse mit Rotwein und Weißbrot und waren einfach glücklich.

»Ich bin so froh, dass wir hier sind«, sagte ich zu Manfred und lehnte mich in meinem Stuhl zurück. »Es ist wie ... ein Traum.«

»Ja«, stimmte er mir zu und nahm meine Hand. »Ein schöner Traum.«

Wir saßen auf unserer Terrasse, die Matratzen hatten wir an die Hauswand gelehnt, sodass sie mit den weißen Gartenstühlen einen kleinen Kreis bildeten. Der Wein war köstlich, das Brot knusprig. Es war, als ob nichts anderes auf der Welt existierte – nur Manfred und ich in unserem kleinen Paradies.

Der Ausbau des Hauses verlief recht zügig, bis auf die letzten Tage unseres Urlaubes. Dann sollten wir endlich einen Gasherd und einen Kühlschrank geliefert bekommen und hofften sehr auf eine pünktliche Lieferung. Leider stellte sich heraus, dass es ein paar Probleme gab. Der Lkw konnte uns am ersten Tag nicht finden. Auch am zweiten und dritten Tag kam kein Auto vorbei – obwohl ich unzählige Male mit den Händlern telefoniert hatte. Am vierten Tag schließlich war der Lkw da! Ich stritt mich mit dem Fahrer über die Verspätung und erfuhr schließlich, was genau passiert war ...

»Wo waren Sie denn?«, fragte ich den Fahrer vorwurfsvoll.

Er schaute mich verlegen an und erklärte: »Es tut mir leid. Aber, also, ich kann nicht lesen oder schreiben.«

Ich starrte ihn ungläubig an und fragte: »Was soll das heißen? Wie konnte es denn zu dieser Verzögerung kommen?«

»Nun«, sagte der Fahrer, »die Adresse stand auf dem Lieferschein, aber ich konnte sie nicht entziffern, daher bin ich zweimal am richtigen Ort vorbeigefahren. Erst, als jemand anders mir die Adresse laut vorgelesen hat, habe ich endlich gewusst, wohin ich musste.«

Ich hätte nie gedacht, dass die Antwort so einfach sein würde. Der Fahrer auf Mallorca konnte nicht lesen oder schreiben! Es gibt viele Einheimische, die einfache Jobs verrichten und weder lesen noch schreiben können. Vor zwanzig Jahren war das noch viel häufiger der Fall.

Als mein Vater die Tür zur Finca öffnete, warf er einen Blick ins Innere, und Tränen traten ihm in die Augen. Nach vier Wochen harter Arbeit hatten wir das Haus fertig ausgestattet, und seine Reaktion ließ deutlich erkennen, wie sehr er sich freute.

»Das ist unglaublich!«, sagte er mit belegter Stimme. »Es ist alles so schön!«

Madeira, 1860

In dem Winter des Jahres 1860 reiste ich nach Madeira, um meinen angeblich durch Husten hervorgerufenen Gesundheitszustand zu behandeln.

Als ich auf dem Balkon meines Hotelzimmers stand und die frische, feuchte Meeresluft einatmete, wusste ich, dass es die richtige Wahl gewesen war. Der Garten des Hotels war voller bunter Blumen, und unser Hotel lag gleich am Strand. In der Ferne zeichneten sich die Berge von Madeira dunkel vor dem blauen Himmel ab.

Auf der anderen Seite des Gartens sah ich eine Gruppe Menschen, die miteinander lachten und plauderten. Es schien ein

Fest zu sein; Musik erklang, tanzende Paare wirbelten über den Rasen. Kurz überlegte ich, ob ich nach unten gehen sollte, um teilzunehmen – aber dann entschied ich mich doch dagegen: Ich wollte heute Abend allein sein mit meinen Gedanken …

Begonnen hatte alles mit einem ursprünglich geplanten Winteraufenthalt, doch es wurde zu einer zweijährigen Reise, nach der ich als selbstbewusste Frau, die für sich und ihre Interessen eintrat, zurückkehrte. Einer meiner Lieblingsorte während der Reise war die Insel Korfu, auf der ich das Achilleion – einen Palast nach dem Vorbild eines Tempels – errichten ließ.

Ich hatte viel Zeit auf Schloss Gödöllö verbracht, das mir das ungarische Volk als Geschenk zur Krönung überreicht hatte. Von all den Zwängen und Repräsentationspflichten des Wiener Hofes befreit, fühlte ich mich hier sehr wohl.

»Ich liebe es, hier zu sein«, sagte ich eines Tages zu meiner Zofe. »Es ist so schön ruhig und entspannend.«

Ich saß auf der Veranda des Schlosses und blickte hinaus auf die weitläufige grüne Landschaft. Der Duft von Blumen lag in der Luft, und das leise Murmeln eines Baches war zu hören.

»Es ist in der Tat wie im Paradies«, stimmte die Zofe zu. »Ich denke, Sie fühlen sich hier sehr wohl, Majestät.«

»Ja, das tue ich«, sagte ich nachdenklich. »Ich fühle mich hier frei – frei von allen Pflichten und Konventionen des Hofes.«

Ich atmete tief ein, stand dann auf und ging langsam die Treppe hinunter in den Garten. Ich wollte diesen Augenblick der Freiheit und Ruhe so lange wie möglich auskosten … Unten im Garten entdeckte ich einen kleinen Teich mit Goldfischen, die sich zwischen den Seerosenblättern bewegten. Langsam näherte ich mich und beobachtete die friedliche Szene. Ich hob den Blick und bemerkte eine Schar Vögel in der Luft, die sich schließlich in den Baumwipfeln niederließen. Es war, als ob ich in eine andere Welt eintauchte, und ich lächelte versonnen.

Ich setzte mich auf eine Bank am Ufer des Teiches und beobachtete weiter die Fische und Vögel. Der Garten war voller Leben und dennoch erfüllt von einer tiefen Ruhe, ich fühlte mich gesegnet, hier zu sein und für einige Augenblicke alles vergessen zu können.

In der Ferne ertönte leise Musik – es war der Klang von Geigen – und ich wusste, dass bald meine Zofe kommen würde, um mich zu bitten, zum Schloss zurückzugehen. Aber noch hatte ich Zeit … Ich schloss die Augen und ließ mich von der Musik tragen. Ich überließ mich ganz dem Augenblick. Ein milder Wind strich durch die Blätter, und es schien, als hörte ich die Bäume flüstern. Ich atmete tief ein und lächelte. Es fühlte sich an wie ein Traum, und ich wusste, dass dieser Ort für immer meine Heimat sein würde.

Langsam erhob ich mich von der Bank und ging zurück zum Schloss, um nicht den Zauber des Gartens zu stören. Ich wusste, dass dieser Ort auf ewig ein Stück meines Herzens bewahren würde.

Ich sehnte mich so sehr nach Tagen innerer Harmonie, als ich in den Reitstall kam. »Guten Tag, Eure Majestät«, begrüßte mich der Stalljunge höflich. Ich blieb vor ihm stehen und sagte

bestimmt: »Ich möchte reiten gehen.« Der Stalljunge nickte eifrig und führte mich zu meinem bereits gesattelten Pferd.

Ich liebte den Wind in meinen Haaren und die Wärme der Sonne auf meiner Haut während des Ritts. An einem Bach stieg
ich ab, um mein Pferd trinken zu lassen, und schloss die Augen, um mich von der Natur umarmen zu lassen. Es war ein
Tag voller Freiheit und Glückseligkeit – nur mein Pferd und
ich weit weg vom Zwang jeglicher Verpflichtungen. Doch leider musste auch dieser Tag enden. Als die Sonne unterging,
kehrte ich zum Reitstall zurück, wo der Stalljunge mich mit
einer Verbeugung empfing und höflich sagte: »Es war mir eine
Freude, Eure Majestät.« Dankbar für seine Freundlichkeit lächelte ich ihn an; dieser Tag wird immer in meiner Erinnerung
bleiben.

Reisen wurde zu meiner Lieblingsbeschäftigung. Ich fuhr
meist durch Europa in einem speziell für mich entworfenen
Hofsalonwagen, der aus einem Salon- und einem Schlafabteil
bestand. Mein Hofstaat, der mich begleitete, bestand aus 102
Personen. Dazu zählten neben den Hofdamen auch Köche,
Zuckerbäcker und Stallburschen sowie ein Hoftafelgestalter.
Sogar Postbeamte begleiteten mich, um vor Ort ein Telegrafen-
amt einzurichten, um mich an jedem Ort erreichbar zu machen.
   Franz Joseph nahm sich gern Auszeiten von seinen Regie-
rungsgeschäften, um mit mir Zeit zu verbringen. Einmal im
Jahr trafen wir uns an der Côte d'Azur, und ich organisierte
alles im Voraus für einen schönen gemeinsamen Aufenthalt.
   »Ich kann es kaum erwarten, dich wiederzusehen«, schrieb
Franz Joseph. »Unsere Trennung ist mir jedes Mal unerträg-

lich.« Ich las den Brief lächelnd. Auch ich hatte mich so sehr auf unseren gemeinsamen Urlaub gefreut. In wenigen Tagen würde Franz Joseph eintreffen, und wir konnten endlich wieder zusammen sein.

Ich reiste nach Nizza voraus, um alles für unser Treffen vorzubereiten. Als Franz Joseph eintraf, war ich gerade damit beschäftigt, die Blumenarrangements in den Räumen zu überprüfen. Als ich seine Stimme von unten hörte, lief ich sofort die Treppe hinunter und ließ mich in seine Arme fallen.

»Mein geliebter Franz«, sagte ich glücklich und drückte ihn fest an mich. »Endlich bist du da!«

»Das ist ja wie im Paradies, Liebling«, sagte er bewundernd, als er meine Villa an der Côte d'Azur sah. Er küsste mich zärtlich und nahm mir den Hut ab.

Ich lachte glücklich. »Ich freue mich so, dass du endlich hier bist! Komm, ich zeige dir alles«, sagte ich und führte ihn in den Garten, wo ein Tisch mit weißem Leinentuch und Kristallgläsern für uns beide bereitgestellt war.

»Oh Sisi, du hast tatsächlich an alles gedacht«, sagte Franz Joseph bewundernd. Wir setzten uns an den Tisch und begannen unser Abendessen.

Der Kellner schenkte uns Champagner ein und reichte jedem eine Auster auf silbernem Tablett.

»Guten Appetit!« Meine Augen funkelten vor Freude, als ich mit Franz Joseph anstoßen konnte.

Auch die Hermesvilla gehörte zu den Domizilen, das Franz Joseph und ich häufig nutzten. Sie befand sich im Lainzer Tiergarten in der Nähe von Wien. Auch wenn ich allein auf Reisen war, unterhielten wir regelmäßigen Briefkontakt.

Ich saß in der Hermesvilla und schaute auf die Uhr. Franz Joseph würde bald ankommen. Ich lächelte zufrieden, als ich an meinen letzten Briefwechsel dachte.

Liebster Franz,
ich kann es kaum erwarten, Dich wiederzusehen! Die Tage bis zu unserem Wiedersehen erscheinen mir endlos. Ich liege jede Nacht wach und denke an Dich. Bei unserer letzten Begegnung warst Du so traurig und erschöpft von Deinen Pflichten als Kaiser. Ich möchte Dir helfen, Dich zu entspannen, und Dir eine Freude bereiten. Lass uns einfach nur Zeit füreinander haben. Ich freue mich sehr darauf!
Alles Liebe, Sisi

Meine Reisen ließen mich der Enge beim Hof entfliehen, ich konnte ich selbst sein. Ich wurde nicht so streng überwacht und kontrolliert, konnte den Dingen nachgehen, die mir wichtig waren. Meine Reisen waren ein Zeichen meiner Befreiung.

Ich war eine begeisterte Reisende. Obwohl ich wegen meiner hohen gesellschaftlichen Stellung regelmäßig Forderungen erfüllen musste und mein Leben auf die luxuriösen Palastmauern des Hofs begrenzt war, zog es mich immer wieder hinaus in die weite Welt.

Ich reiste nicht nur, um andere Länder und Kulturen kennenzulernen, sondern vor allem, um Abstand vom Hofleben zu gewinnen und Ruhe zu finden. Der Rummel rund um den österreichischen Kaiserhof raubte mir Energie und Kraft. Von meinen Reisen erhoffte ich mir Erholung und Entspannung zu finden.

Ausgerüstet mit einem großen Gepäck an Kleidung, Kosmetika und Büchern machte ich mich oft monatelang auf den Weg. Auch wurde der kaiserliche Zug für lange Reisen durch Europa herbeigerufen – viel mehr Luxus war kaum zu finden!

Trotz oder gerade wegen des prestigeträchtigen Wesens meines Amtes trat ich oftmals ohne großes Aufsehen und ohne Begleitpersonen auf – einfach als ganz normale Reisende. So unternahm ich jahrelang fleißig Reisen ins Ausland – ob nach Italien, Schottland oder Griechenland: Ich unternahm Geschäfts- aber auch Vergnügungsreisen, besichtigte historische Sehenswürdigkeiten und kehrte stets gestärkt an den Hof zurück.

Diese Reisen bedeuteten mir mehr als das bloße Besichtigen von Sehenswürdigkeiten: Sie boten mir einen willkommenen Ausweg aus dem Protokoll und der Etikette des kaiserlichen Alltags – was für mich als junge Frau ebenso wohltuend wie notwendig war.

Ich liebte es, Franz-Joseph von meinen Reisen zu berichten.

Liebster Franz,

ich hoffe, Du und die Kinder sind wohlauf. Wir haben hier in Griechenland unglaubliche Dinge entdeckt. Die Ruinen sind atemberaubend, und ich kann es kaum erwarten, Dir alles davon zu erzählen.
Die griechische Kultur ist derart faszinierend, und ich liebe es, die Sprache zu lernen. Jeden Tag mache ich Fortschritte und werde bald fließend Griechisch sprechen können.
Ich veranstalte hier auch Reitturniere, und am nächsten Wochenende findet eine große Veranstaltung statt. Ich denke an Dich und die Kinder und hoffe, Ihr seid alle gesund und munter. Es ist ein wichtiges Ziel für mich, meine Fähigkeiten im Reiterwettbewerb zu verbessern und das Gefühl der Freiheit und Leidenschaft auf dem Pferderücken zu erleben. Mir liegt viel an diesem Ziel, da es mir die Möglichkeit gibt, mit anderen Menschen in Kontakt zu treten und mit den beeindruckendsten Tieren der Welt umzugehen.
Um beim Turnier erfolgreich sein zu können, habe ich hart trainiert. Übungsstunde um Übungsstunde hatte ich gebraucht, um sicherzustellen, dass alles reibungslos geht. Es war schwer, aber jeden Tag sehe ich Fortschritte. Meine Pferde und ich sind ein gutes Team, und wir nehmen an vielen Wettbewerben teil. Der schönste Teil ist das Gefühl, wenn man am Ende des Wettbewerbs mit einer Medaille belohnt wird und die Erfahrung, die man auf dem Weg dahin gemacht hat.

Alles Liebe, Sisi

Mein lieber Franz,

Manchmal, wenn ich durch die antiken Gebäude gehe, brauche ich nur die Augen zu schließen und sehe die Welt des alten Griechenlands wieder lebendig werden. Es ist so faszinierend! Vor allem die griechischen Statuen. Ich kann mich an ihnen nicht sattsehen, sie sehen aus, als würden sie JEDEN AUGENBLICK erwachen.

Ich musste neulich an Dich denken, als ich eine Statue von Apollo betrachtete. Er ist ein so gut aussehender Gott, nicht wahr? Und seine Muskeln sind so perfekt geformt! Da habe ich mich gefragt, wie Du als Statue aussehen würdest. Würdest Du so gut aussehen wie Apollo? Oder würdest Du sogar noch besser aussehen? Natürlich kann man das nicht mit Sicherheit sagen. Aber es macht Spaß, sich das vorzustellen, nicht wahr? Genauso wie es Spaß macht, sich vorzustellen, wie es wäre, im alten Griechenland zu leben. kannst Du Dir vorstellen, wie anders unser Leben wäre, wenn wir in dieser Zeit geboren worden wären?
Nun, wie auch immer, ich wollte meine Gedanken mit Dir teilen. Ich hoffe, dass es Dir gut geht und wir uns bald wiedersehen können.

Alles Liebe, Sisi

Ich erzählte ihm begeistert von meiner Begegnung mit Richard Wagner und dessen Frau Cosima und wie sehr ich seine Musik liebte. In einem Brief schrieb ich:

Oh, wenn doch mein Ausdruck nur meinen Gefühlen entsprechen könnte! Aber so bleibt mir nichts anderes übrig als stille Bewunderung und ein atemloses Lauschen, während meine Seele zu neuen Höhen aufsteigt. Wie ist es möglich, ohne Kunst und Musik zu leben? Es ist mir ein Mysterium!

Franz Joseph hatte sich an meine Abwesenheit gewöhnt. Um diese Einsamkeit zu lindern und seine Erwartungen an mich zu verringern, arrangierte ich 1885 ein Treffen zwischen ihm und der Schauspielerin Katharina Schratt. Schratt wurde zur Stütze und Vertrauten des Kaisers. Diese Freundschaft wurde vom Monarchen geschützt und von mir unterstützt, um sicherzustellen, dass es nicht zu einem Skandal kam. Auch nach meinem Tod blieb die Beziehung zwischen den beiden erhalten, war aber nicht mehr so intensiv wie zu meinen Lebzeiten.

Als Franz Joseph eines Tages in seinem Palast in Wien Katharina Schratt empfang, war er sofort hingerissen. Die Schauspielerin war intelligenter und interessanter als alle Frauen, die er bisher kennengelernt hatte – und zudem überaus attraktiv.

Katharina verstand es meisterhaft, den Kaiser zu unterhalten, und so verbrachten die beiden immer mehr Zeit miteinander. Sie gingen gemeinsam zu Konzerten, ins Theater und zu anderen Veranstaltungen und sprachen über verschiedenste Themen: Politik, Kunst, Literatur. Franz Joseph fühlte sich in ihrer Gegenwart wohl und entspannt.

Ich beobachtete diese Freundschaft mit Interesse – ich wusste wohl am besten, was meinem Mann guttat. Und so förderte ich die Bekanntschaft der beiden immer weiter – auch wenn es zuweilen skandalös wirkte …

Kaiser Franz Joseph begrüßte jeden meiner seltenen Besuche bei Hof mit großer Freude. Obwohl es ihm jedes Mal schwerfiel, mich gehen zu lassen, wusste er, dass ich meinen eigenen Weg gehen musste. Ich war eine leidenschaftliche Reisende und liebte es, die Welt zu entdecken. Durch meine Briefe blieben wir stets in Kontakt, und der Kaiser konnte so auf dem Laufenden bleiben, was ich gerade tat und wohin ich reiste.

In den Briefen des Kaisers wurde vor allem seine Sorge um meine Gesundheit und Sicherheit deutlich. Er bat mich immer wieder, vorsichtig zu sein und auf mich achtzugeben – besonders wenn ich in Gebiete reiste, die für Frauen nicht sehr sicher waren. Der Kaiser war stets bemüht, mich zu beschützen.

Auch wenn es manchmal schwierig war – Franz Joseph respektierte mein Bedürfnis nach Freiheit und Unabhängigkeit. Er wusste, dass es mir guttat; genau wie er selbst damals vom Hof weggegangen war, um dieser Enge zu entfliehen. In gewisser Weise verstand er also meine Sehnsucht nach Freiheit – auch wenn es bedeutete, dass er sich oft allein fühlte ohne die Frau an seiner Seite, die er über alles liebte.

Wann immer es das Wetter erlaubte, machten wir uns auf den Weg nach Cap Martin«, schrieb Gräfin Irma Sztáray, die langjährige Vertraute der Kaiserin. »Der Kaiser kam meist unangekündigt und in Zivil und stieg unbemerkt von der Presse im Hotel Splendide ab. Er besaß damals einen Schlüssel für den

Aufzug, mit dem er ohne Umwege in Elisabeths Gemächer gelangte.«

»Es war wundervoll, den beiden bei ihren Spaziergängen zuzusehen«, fuhr Sztáray fort. »Sie plauderten angeregt miteinander und lachten viel. Einmal sahen wir sie Arm in Arm am Strand entlang spazieren gehen.«

Ich schlug vor, im Casino von Monte-Carlo zu spielen, und Franz Joseph lachte und sagte: »Majestät, du bist von Sinnen. Wenn es bekannt wird, wird es einen Skandal geben!«

Doch ich entgegnete: »Aber was soll schon geschehen? Wir sind nicht in Österreich. Und außerdem: Was können die Leute uns schon anhaben? Wir sind Kaiserin und Kaiser! Niemand wird uns etwas tun.«

Also beschlossen wir, ins Casino zu gehen und beim Roulette einige Francs auf die Zahl 21 zu setzen. Und tatsächlich kam die Zahl – ich gewann 10 000 Francs! Franz Joseph sah mich amüsiert an und scherzte: »Na sehen Sie, Majestät – jetzt haben Sie Ihren ersten Skandal!«

Wenn der Kaiser nicht anwesend war, setzte ich mein gewohntes Leben fort: Ich unternahm lange Ausflüge in entlegene Gebiete und verbrachte Tage auf meiner Yacht, die ich durch das Mittelmeer navigieren ließ. Mein Hofstaat und mein griechischer Vorleser begleiteten mich dabei. Er unterhielt mich mit Werken antiker Autoren, französischen und englischen Texten.

»Majestät, es ist schon spät, Ihre Hofdamen sind sicherlich besorgt.«

Ich blickte ihn an und seufzte. »Ich weiß«, sagte ich. »Aber ich kann einfach nicht schlafen.«

Ich wandte mich wieder dem Buch zu, das er in den Händen hielt – eine englische Übersetzung von Virgils Aeneis. Es war eines meiner Lieblingswerke, und ich hatte es mehrmals gelesen, aber aus irgendeinem Grunde kam ich in dieser Nacht nicht zur Ruhe.

Der Grieche legte behutsam das Buch beiseite und setzte sich neben mich auf die Bank unter dem Fenster. »Vielleicht sollten wir uns morgen unterhalten«, sagte er sanft. »Ich glaube, Sie brauchen Ihren Schlaf.«

Ich sah hinaus in die Nacht, wo die Sterne am Firmament funkelten. In Gedanken versunken lauschte ich dem Rauschen des Meeres und dem Gesang der Vögel in den Bäumen des nahen Waldes ...

Ihre Majestät die Kaiserin nahm das Studium des Alt- und Neugriechischen sehr ernst und sprach Zeitgenossen zufolge besser Griechisch als alle deutschen Königinnen von Griechenland. Sie übersetzte unter anderem Theaterstücke wie jene von Shakespeare ins Neugriechische. Griechenland wurde laut Aussagen ihres Vorlesers Constantin Christomanos zur »Heimat ihrer Seele«. 1888 ließ sie sich einen Anker auf ihre Schulter tätowieren.

»Ich möchte eine Tätowierung «, sagte Elisabeth zu ihrem Vorleser Constantin Christomanos.

»Eine Tätowierung?«, fragte er überrascht.

»Auf meine Schulter«, sagte sie und zeigte auf die Stelle. »Ich will einen Anker haben.«

»Warum einen Anker?«, fragte er neugierig.

»Weil Griechenland für mich wie eine Heimat ist«, antwortete sie leise. »Es ist die Heimat meiner Seele.«

Constantin nickte verständnisvoll.

6. Kapitel

Im Jahr 2010, als ich in meiner Wahlheimat Nürnberg war, half mir mein lieber Mann Manfred, meine Ängste zu überwinden und drängte mich dazu, meinen neuen Lebensweg als Künstlerin endlich anzunehmen. Er glaubte an mich und führte mich auf einen Weg, der es mir ermöglichte, meine Träume zu verwirklichen und etwas zu leben, das ich liebte. Wann immer ich daran dachte, einen mutigen Schritt nach vorne zu machen, wurde ich oft von Angst und Sorge überwältigt. Doch er war so voller Zuversicht und gab mir den Mut und das Vertrauen, das ich so dringend brauchte, um diesen Sprung zu wagen. Mit unglaublich viel harter Arbeit und Entschlossenheit konnte ich meinen Traum verwirklichen, richtete ein wunderschönes Kunstatelier ein und konnte nicht lange danach meine allerersten Bilder verkaufen. Es war aufregend, und ich war stolz, einen solchen Meilenstein erreicht zu haben. Meine Kunst wurde trotz meiner eigenen Selbstzweifel und Unsicherheiten bald auf der ganzen Welt verkauft. Ich war erstaunt, dass meine Kreationen von allen so herzlich angenommen und geschätzt wurden.

Es waren diese scheinbar endlosen Nächte in meinem Studio, ohne Schlaf und voller kreativem Adrenalin, die mich meinem künstlerischen Traum immer näherbrachten. Ich verbrachte oft unzählige Stunden vor meinen Leinwänden, tief eingetaucht in eine Welt der Kreativität, die die Realität zu transzendieren schien und alle anderen Ablenkungen und Sorgen ausblendete. Meine Leidenschaft und Entschlossenheit trieben mich an, jeden Tag zu arbeiten, damit ich etwas produzieren konnte, worauf ich mit großem Ehrgefühl schauen konnte. Ich arbeitete, um mein absolut Bestes zu geben und etwas Zeitloses zu schaffen, etwas, das seinen Wert für viele Jahre behielt. Ich wollte etwas schaffen, das von anderen geschätzt und im Laufe der Jahre immer wieder geliebt werden konnte.

Trotz der hektischen und engen Zeitpläne, die ich mir selbst gesetzt hatte, fand ich jeden Tag etwas Zeit, um einige besondere Minuten mit Manfred zu teilen. Ob beim Kuscheln auf der Couch oder bei einer liebevollen Umarmung ... Diese gemeinsamen Zeiten sind bis heute für mich unbezahlbar und kostbar. Er ist sicherlich meine größte Inspirationsquelle und war und ist immer für mich da, mit seiner Weisheit und Erfahrung, mit seinen Ratschlägen und seiner unerschütterlichen Liebe und Motivation. Er ist ein bedeutender Teil meines Lebens, und ich bin gesegnet, ihn in meinem Leben zu haben. Seine Präsenz ist so tief in mir verwurzelt, dass ich mich kaum an die Zeit erinnern kann, in der er noch nicht da war. Ich bin zutiefst dankbar für die endlose Liebe und Unterstützung, die er mir während unserer gemeinsamen Jahre geschenkt hat. Er ermutigte mich immerzu, an mich zu glauben, ganz gleich, welchen Hindernissen ich gegenüberstand – und sein unerschütterlicher Einsatz half mir, zu der Person zu werden, die ich heute bin.

Wenn ich in den frühen Nachtstunden in den kreativen Prozess der Arbeit an einem neuen Gemälde vertieft bin und beobachte, wie meine Pinselstriche zum Leben erwachen und lebendige Farben auf der Leinwand entstehen, bin ich mir sicher, dass sich all meine Bemühungen gelohnt haben. Es war gut, diesen Schritt zu wagen und ins kalte Wasser zu springen. Diese außergewöhnliche und unvergleichliche Begeisterung und Erfüllung, die ich während der Arbeit spüre, finde ich einfach in keinem anderen Lebensbereich. Jeden Tag bin ich mit einer immensen Zielstrebigkeit und einer Freude gesegnet, die mit nichts anderem zu vergleichen ist. Dies ist mein Leben, und ich fühle mich unglaublich glücklich, mit so viel Leidenschaft, Aufregung und Zufriedenheit leben zu können.

Als ich mich vor einigen Jahren zum ersten Mal in die Welt der Malerei wagte, hätte ich nie gedacht, dass sie mich so tief faszinieren könnte. Es ist wie eine Sucht, die mich immer wieder motiviert und auf die ich nicht mehr verzichten möchte. Ich habe Manfred so viel zu verdanken, dass er mir die Motivation und Inspiration gegeben hat, alles Mögliche auszuprobieren, als ich noch jünger war. Ohne seine Anleitung und Unterstützung hätte ich vielleicht nie begriffen, welch leidenschaftliche Künstlerin ich tatsächlich bin.

Die Erinnerungen an die unzähligen langen Nächte, die ich in meinem Studio verbrachte, sind tief in meinem Gedächtnis verankert, und ich werde mich immer an sie erinnern. Nichts konnte mich davon abhalten, Kunst zu schaffen. Ich verschrieb mich immer vollkommen jeder Arbeit und malte Bilder, die mich selbst inspirierten. Trotz meines vollen Terminkalenders nahmen wir uns immer Zeit für uns, Manfred war und ist mein Herzens- Mensch, der mich zutiefst verstand, und ich sah seine Freude über meine Fortschritte, seine Freude, für mich da zu sein und mich bei meiner Arbeit zu unterstützen. Er gab mir unschätzbare Ratschläge, die mir dabei halfen, während meiner gesamten Karriere die richtigen Schritte zu unternehmen.

Niemand sonst konnte die Hingabe und kreative Leidenschaft, die ich für meine Arbeit mit Farben und Pinseln empfand, so nachvollziehen wie er. Er brachte mich selbst durch die schwierigsten Phasen und fand immer Wege, meine Stimmung aufzuheitern, wenn es einmal nicht so gut lief. Seine Stärke und unerschrockene Ermutigung waren von unschätzbarem Wert und halfen mir, als Künstlerin zu wachsen. Seine Worte waren immer voller Bewunderung, Wertschätzung und tiefer Liebe für meine harte Arbeit und Hingabe. Ich erinnere mich noch gerne daran, wie ich ihm die ersten Früchte meiner Arbeit präsentierte! Sein Stolz und seine Unterstützung ermutigten mich, mich noch mehr anzustrengen.

Eines Tages betrat Manfred unerwartet mein Atelier und war verblüfft von den ausgestellten Kunstwerken. »Es ist absolut fantastisch!« rief er bewundernd. Ich dankte ihm lächelnd für sein Kompliment und antwortete: »Es hat viel Mühe gekostet, aber es war es wert.«

»Kein Zweifel, du hast so viel Talent! Ich bin beeindruckt, was du bisher erreicht hast und wie weit du noch kommen wirst«, sagte Manfred begeistert. Ich musste lachen.

»Du hast mir geholfen, mich selbst zu motivieren! Ohne dich hätte ich vielleicht nicht so viele schlaflose, aber auch produktive Nächte in diesem Atelier verbracht.«

»Es hat mich immer gefreut, dich zu unterstützen«, sagte Manfred mit seinem warmherzigen Lächeln. »Dein Einsatz und deine Leidenschaft sind ansteckend!«

Es ist einige Jahre her, seit ich meine Reise als Künstlerin begonnen habe, und ich bin dankbar, sagen zu können, dass ich mich als Malerin in der Kunstwelt erfolgreich etabliert habe. Natürlich ist es nicht immer einfach, motiviert zu bleiben, und es gibt manchmal Phasen, in denen alles viel herausfordernder und schwieriger erscheint, als es eigentlich ist. Aber dann trete ich einen Schritt zurück und erinnere mich an mein Ziel: die Freiheit, für die ich gekämpft habe und weiterhin kämpfe. Eine künstlerische Laufbahn zu verfolgen, bedeutet für mich vor allem, mich von konventionellen Erwartungen, gesellschaftlichen Zwängen und dem Alltagstrott der Außenwelt zu befreien. Mit dieser neu gewonnenen Freiheit kann ich alles erschaffen, was mein Herz begehrt, ohne Grenzen oder Einschränkungen.

Meine Fortschritte ermutigten mich, an meinen Visionen verschiedener Projekte weiterzuarbeiten, und bald zog ich die Aufmerksamkeit etablierter Galeristen auf mich. Sie interessierten sich tatsächlich für meine Werke! Unsicher, wie ich immer noch war, konnte ich nicht glauben, dass ausgerechnet ich als Künstlerin so viel Aufmerksamkeit und Anerkennung bekam. Meine Bilder haben schon immer die tiefsten Emotionen der Menschen angesprochen und ihre Herzen berührt. Es war mein lebenslanger Traum, dies zu verwirklichen – und jetzt geschieht es tatsächlich! Das ist ehrlich gesagt das Beste, was mir je passiert ist, und ich bin unendlich dankbar für diese genutzte Chance.

Trotz meiner Erfolge fühle ich mich in meinen künstlerischen Fähigkeiten immer noch recht unsicher und strebe ständig danach, ein höheres Niveau zu erreichen. Die Momente des Zweifels bleiben, aber ich glaube daran, dass ich weiter erfolgreich sein werde. Trotz der immer wieder aufkeimenden Unsicherheit fühle ich mich jeden Tag wohler damit – vor allem dank Manfreds unerschütterlicher Unterstützung. Ohne ihn hätte ich diesen Traum nicht verfolgen und verwirklichen können – aber jetzt bin ich hier, lebe den Augenblick und genieße jede Sekunde!

Nach meiner Ankunft auf der wunderschönen Insel Mallorca begann ich mich in die vielen Bücher zu vertiefen, die ich eigens mitgebracht hatte, rund um das Leben und die Zeit von Sisi. Das Lesen über ihr faszinierendes Leben bot mir eine großartige Möglichkeit, immer noch mehr über sie, aber auch die Geschichte und Kultur dieses wunderschönen Ortes zu erfahren. Als von Natur aus skeptischer und neugieriger Mensch hoffte ich, in einer der Biografien den endgültigen Beweis dafür zu finden, dass meine Seele tatsächlich die Reinkarnation der großen Kaiserin Sisi ist. Mit festem Glauben und der Bereitschaft, jede entdeckte Wahrheit zu akzeptieren, war ich entschlossen, die Fakten aufzudecken und mehr über mein spirituelles Erbe zu erfahren. Aber es war nicht so einfach, wie es zunächst schien. Viele der Bücher über ihr Leben sind fiktive Versionen ihrer Geschichte, was es erschwerte, zuverlässige Literatur zu finden, die eine wahrheitsgetreue Darstellung bot. Nach langer Suche und viel Geduld entdeckte ich schließlich ein bemerkenswertes Buch, von Menschen geschrieben, die Sisi zu ihrer Lebenszeit kannten und direkte Einblicke in die Ereignisse und ihre Erlebnisse hatten.

Ich atmete tief ein und flüsterte mir die Worte vor, die ich las und mich fesselten. Ich fühlte mich wie eine mysteriöse Besucherin in Sisis Leben, verbunden mit ihrer Geschichte, ihren Gedanken und ihren Empfindungen. Je mehr ich las, desto tiefer tauchte ich in ihre Welt ein, als ob ich jede winzige Kleinigkeit erfahren müsste. Meine Verbindung zu ihr war so intensiv, dass es mir beinahe magisch erschien, wie wenn ich genau in diesem Augenblick in Sisis Haut steckte. Ich litt mit ihr, fühlte mich unterdrückt von ihrer Schwiegermutter und hoffte beim Lesen so sehr, dass sie ihren Traum verwirklichen konnte. Wenn ich an die Szene dachte, in der sie vor dem Spiegel stand und sich fragte, ob es in Ordnung war, einfach nur glücklich zu sein – weinte ich beinahe. Diese Szene hatte etwas Besonderes. Sie ist so ehrlich und offen, dass Sisi unmittelbar zu mir zu sprechen schien. Diese Zeilen waren etwas sehr Besonderes, und ich konnte nicht genug davon bekommen.

Ich lebte im Augenblick und hatte das Privileg, mittendrin zu sein, zuzusehen und zu lernen, wie die junge Kaiserin ihre ersten Schritte in die Weiblichkeit unternahm. Mir bot sich eine einzigartige Perspektive, ihr Wachstum aus erster Hand mitzuerleben und Teil von etwas überaus Besonderem zu sein. Die aufrichtigen Gefühle von Einsamkeit, Trauer, Hoffnung, die Liebe zu ihrem Ehemann Franz Joseph, die die Autorin in diesem Buch so gekonnt darstellte, fesselten mich. Ich fühlte mich in die Geschichte, in die Reise hineingezogen. Dieses Buch war DIE Pflichtlektüre auf meiner Suche nach Antworten.

Ich stellte gewisse Ähnlichkeiten zwischen mir und Sisi fest. Sie war dafür bekannt, dass sie viel Zeit und Mühe in ihre Schönheitspflege investierte, während auch ich eine tief verwurzelte Leidenschaft für Eleganz habe, die sich in meinem Lebensstil widerspiegelt. Wenn es um Schönheit geht, glaube ich, dass zeitlose Weisheiten immer noch wahr sind und es viele nützliche Tipps gibt, die auch heute noch funktionieren. Zum Beispiel ist es wichtig, Make-up nur mäßig zu verwenden, um ein natürliches Aussehen zu bewahren, und es nicht zu übertreiben, sonst wirkt es billig. Regelmäßige Hautpflegebehandlungen, viel Wasser trinken und gesunde Ernährung sind ebenfalls unerlässlich, um ein jugendliches Aussehen und einen wunderschönen Teint zu erhalten.

Ich achte sehr auf mein Äußeres und bemühe mich, immer gepflegt auszusehen. Ich verstehe, dass es einen starken Einfluss darauf haben kann, wie die Außenwelt uns wahrnimmt, wenn wir uns um ein gepflegtes äußeres Erscheinungsbild bemühen. Es ist oft so, dass attraktive Frauen einen deutlichen Vorteil im Leben haben und mehr Aufmerksamkeit und Möglichkeiten erhalten als ihre weniger attraktiven Konkurrentinnen. Dies liegt an der Schönheitsverzerrung, die durch unsere soziale Konditionierung aufrechterhalten wurde und dazu führt, dass die meisten Menschen diejenigen bevorzugen, die sie für attraktiver halten.

Gleichzeitig verstehe ich auch, dass Schönheit und körperliche Erscheinung nicht das Einzige sind, was im Leben zählt. Es gibt andere Qualitäten und Tugenden, die eine Person zu etwas Besonderem machen und zu ihrem Gesamtcharakter und Erfolg beitragen.

»Fanny, ich brauche in der Tat deine Hilfe. Was ist die beste Frisur für mich? Wie kann ich sie noch schöner und extravaganter machen?«

Fanny sah Sisi voller Bewunderung und Liebe an. »Majestät, es ist mir eine große Freude, Ihnen meine Meinung mittei-

len zu dürfen. Ich glaube, was am wichtigsten ist, wenn es um Ihren persönlichen Stil geht, ist das, wofür Sie am leidenschaftlichsten sind und was Ihnen am meisten Selbstvertrauen gibt. Wenn Sie raffinierte Eleganz wünschen, lassen Sie uns eine Hochsteckfrisur machen und sie mit Perlen oder Edelsteinen verzieren – Sie haben die Wahl!«

»Ja! Das klingt wundervoll! Fanny, du bist so geschickt, deine kreativen Ideen faszinieren mich immer wieder. Stimmst du mir nicht zu, dass du unglaublich bist?«, antwortete Sisi begeistert, und ihre Augen funkelten vor Freude.

»Vielen Dank, Eure Hoheit. Ich bin sehr stolz und glücklich über die Gelegenheit, die Ihr mir gegeben habt. Ich verspreche Euch, mein Bestes zu geben«, antwortete Fanny lächelnd.

»Und ich weiß, dass du dein Bestes geben wirst. Wir sehen uns bald«, sagte die Kaiserin und winkte Fanny zum Abschied nach, als sie den Raum verließ.

Fanny war immer noch ungläubig angesichts der Wendung der Ereignisse. Sie konnte kaum glauben, dass das alles passiert war – sie war tatsächlich für die Frisur der Königin verantwortlich! Eine erstaunliche Gelegenheit, und sie war sehr aufgeregt.

Kurz nach unserer Hochzeit übergab mir meine Schwiegermutter drei wertvolle dunkelbraune Nerzmäntel, die ursprünglich aus dem Besitz ihrer Mutter stammten, aber damals nicht mehr in Mode waren. Diese Mäntel waren ein unbezahlbares Geschenk. Ich war so begeistert, dass ich den bodenlangen Nerzmantel von einem Schneider in Nürnberg nach Maß umarbeiten ließ, damit ich ihn tragen konnte. Das luxuriöse Fell fühlte sich auf meiner Haut fantastisch an, und es wurde von einem

Kürschner umgearbeitet, um meiner Figur zu schmeicheln. Ich fühlte mich wie ein »Million Dollar Girl«, als ich ihn anzog, und konnte die Gelegenheit kaum erwarten, ihn zu zeigen! Er war unerwartet schwer, aber atemberaubend. Ich fühlte mich beim Tragen absolut königlich und unbeschreiblich ermächtigt – auch wenn das Gewicht mich fast zusammenbrechen ließ. Ich stolzierte die Straße entlang wie auf einem Laufsteg für Königinnen.

Ich erinnere mich, als ich Anfang der 90er Jahre mein Outfit für eine Silvesterparty anzog, die im sechsten Stock eines jahrhundertealten Gebäudes ohne Aufzug stattfand. Die Atmosphäre war elektrisiert, als ich die Treppe hinaufstieg, und ich war voller Vorfreude auf das, was mich oben erwarten würde. Auf der Party gab es reichlich Haschkekse, die alle mochten, obwohl niemand wusste, woher sie kamen. Die einzigartige Erfahrung, Champagner aus großen Eimern, statt aus Gläsern zu trinken, war angenehm und sehr praktisch! Als die Nacht in den Morgen überging, stolperten wir die knarrende Holztreppe hinunter, die sich über viele Stockwerke erstreckte. Ich hörte meine Absätze auf dem Hartholzboden klappern, mein Nerzmantel hüllte mich in einen Kokon aus Wärme.

Kichernd und unsicheren Schritts verließen wir das Gebäude, und meine Freundin Julie sah mich erstaunt mit weit geöffneten Augen an und rief ungläubig:

»Wie um alles in der Welt hast du das geschafft? In deinem Nerzmantel und mit DIESEN Absätzen?«

Ich gab mir alle Mühe, ernst und gefasst zu bleiben, obwohl ich innerlich kurz davor war, in Gelächter auszubrechen.

»Ich weiß es ehrlich gesagt nicht«, brachte ich schließlich heraus. »Aber eines ist sicher: Der Champagner war eine nützliche Krücke!«

Julie lachte laut auf und murmelte: »Oh ja, und wahrscheinlich auch die Haschkekse. Ich kann es nicht glauben! Mann, hoffentlich erfährt niemand jemals davon.«

Ich recherchierte weiterhin diverse Biografien in der Hoffnung, irgendwann eine Antwort auf meine brennende Frage zu finden, ob ich tatsächlich Sisis Reinkarnation war. Trotz ihrer scheinbar begünstigten Beziehung zum Schicksal war Sisis Leben geprägt von ungerechter Not und dem vorzeitigen Sterben zweier ihrer Kinder. Ihre Kämpfe waren nicht leicht auszufechten, aber sie fuhr fort, jede Herausforderung zu meistern, die ihr begegnete. Als sie mit ihrer Hochzeit zur Kaiserin wurde, brachte ihr Franz Joseph große Bewunderung und Liebe entgegen. Es folgte jedoch bald eine Tragödie, als sowohl ihre Tochter als auch ihr Sohn auf tragische Weise starben. Dies war ein harter Schlag des Schicksals für die Kaiserin, da der Tod ihrer Tochter in so jungen Jahren eine Zeit tiefer Depression nach sich zog, die sie nur mühsam überwand. Der plötzliche und unerwartete Verlust ihres geliebten Kindes wirkte sich verheerender auf die Psyche der Kaiserin aus, und es schien ihr fast unmöglich, die Scherben ihres Lebens wieder zusammenzufügen.

Diese tiefe Trauer könnte dazu beigetragen haben, dass sie sich so rastlos fühlte und ständig auf der Suche nach etwas war.

Sisi und ich teilen eine unüberwindbare Abneigung gegen alles, was mit Politik zu tun hat, da wir uns beide vollkommen einig sind, dass es sich um ein schwieriges Feld handelt, das nach Möglichkeit vermieden werden sollte.

Sisis bekannte »geschlossene Mund«-Auftritte sind nicht nur in ihrer stoischen Art begründet, sondern auch in ihrer Zurückhaltung beim Zähneputzen – das kann ich durchaus nachvollziehen, da es auch mich jedes Mal Überwindung kostet, die Zahnbürste aus ihrem Becher herauszunehmen.

Sisi und ich teilen auch die Liebe zum frühen Aufstehen, was ich sehr inspirierend finde. Wir haben ähnliche Ansichten über das Leben und die Welt um uns herum, die beide von einem unstillbaren Wissens- und Erfahrungshunger geprägt sind. Kurz gesagt, wir beide genießen es sehr, zu reisen, neue Orte zu erkunden und etwas über andere Kulturen und Bräuche zu lernen.

Nach einer besonders zermürbenden Audienz ging ich ziellos durch die endlosen Korridore des Schlosses und fühlte mich unglaublich klein. Ich verachtete mich dafür, dass meine Zähne alles andere als perfekt waren, was sich erheblich negativ auf mein gesamtes Erscheinungsbild auswirkte, das ich doch sonst immer so hochhielt. Tiefe Demütigung und Verlegenheit überkamen mich bei der Erinnerung an das Geschehene. Ich war mir völlig bewusst, dass es alle bemerkt haben mussten: Jedes Mal, wenn ich etwas sagte, versuchte ich verzweifelt, meine

Lippen fast geschlossen zu halten und meine Zähne vor den Augen der Öffentlichkeit zu verbergen. Trotz all meiner Bemühungen war jedoch der Zustand meiner Zähne für alle um mich herum deutlich zu erkennen, was zu Spott und Kritik einlud, die unvermeidlich schienen. Mit jedem Tag, der verging, wurde mir mehr und mehr bewusst, welchen Tribut meine schlechte Zahnhygiene von mir gefordert hatte. Ein intensives Gefühl von Unbehagen und Wut begann sich in mir aufzubauen, aber im Laufe der Zeit lernte ich, mit solchen Szenarien umzugehen und zog es vor, mich immer weiter aus der Gesellschaft zurückzuziehen.

Als ich klein war, ermutigten mich meine Eltern beständig, neugierig zu sein und Fragen zu stellen.

»Warum ist das wichtig?«, fragte ich immer wieder.

Mein Vater antwortete dann: »Damit du mehr über die Welt um dich herum lernen und besser verstehen kannst, wie die Dinge funktionieren.«

Von da an nahm ich diese neue Perspektive an und begann, die Welt viel analytischer zu betrachten.

Meine Erfahrungen mit Menschen in Machtpositionen waren begrenzter als Sisis Erfahrungen – aber vielleicht konnte mir gerade das helfen, Dinge zu verstehen, die für Sisi unerklärlich geblieben waren. Nachdem ich das menschliche Verhalten lange Zeit genau beobachtet habe, habe ich gelernt, die Absichten der Menschen besser zu verstehen. In den meisten Fällen werden Menschen in erster Linie von ihren eigenen persönlichen Interessen und Zielen getrieben, anstatt sich darauf zu konzentrieren, anderen zu helfen. Es mag Ausnahmen geben, dennoch trifft dies im Allgemeinen in den meisten Situationen zu. Dieses unschätzbare Wissen hat mir dabei geholfen, eine Welt zu managen, in der nicht alle es gut meinen und Macht oft missbraucht wird. Es hat mir ermöglicht, die Komplexität des Lebens besser zu verstehen und Entscheidungen zu treffen.

Sisi war noch so jung, als sie Franz Joseph zum ersten Mal begegnete. Sie war naiv und leichtgläubig, was es ihren Mitmenschen leicht machte, sie auszunutzen. Als ich älter wurde und mein Verständnis von der Welt sich zu erweitern begann, konnte ich die Lektionen, die Sisi im Leben gelernt hatte, besser verstehen und sie in eine größere Perspektive bringen. Ich konnte jetzt erkennen, wie ihre jugendliche Unschuld schnell zu ihrem Untergang wurde.

Meine Recherche über Sisis Leben verhalf mir zu einem besseren Verständnis für die komplexe Politik der damaligen Zeit und wie sie sich auf Sisis Leben auswirkte. Ihre Stärke und ihr Mut angesichts der Widrigkeiten waren bemerkenswert, aber im Herzen war sie eine Künstlerin, die einfach die Chance haben wollte, in Frieden ihrer kreativen Leidenschaft nachzugehen. In gewisser Weise steht sie als Hoffnungsträgerin für alle Frauen, die in dieser Zeit lebten – Frauen, die Zugang zu materiellen Annehmlichkeiten hatten, aber ihres Grundrechts beraubt wurden, frei zu leben und ihre eigenen Entscheidungen zu treffen. Sie ist ein Symbol für jede Frau aus

dieser Zeit und steht für den Kampf gegen die Widrigkeiten, denen sie alle bei ihrem Streben nach Selbstbe-
stimmung ausgesetzt waren.

Als ich weiter recherchierte, entdeckte ich in meinen
Büchern, dass Sisi unglaublich entschlossen war, die
Wahrheit über diese höhere Macht zu erfahren, die als
Gott bezeichnet wird. Ihre Leidenschaft , Wissen und
Verständnis zu erlangen, war bemerkenswert.

*Ich war ein gläubiger Mensch, und das Geistige Reich hatte
mir immer große Befriedigung gebracht. Ich betete häufig und
fand Trost in religiöser Literatur, besonders in der Bibel, an der
ich mich oft orientiere. Ich hatte auch eine große Liebe zum
Lesen, Lernen und Wissen im Allgemeinen – es brachte mir ein
Gefühl des Friedens, das anderswo schwer zu finden ist. Immer wenn ich mich überfordert oder unsicher fühlte, sagte ich
mir zum Trost: »Gott ist mein Vater, und er ist mein Freund.«
Mein Glaube und Vertrauen in Gott war unerschütterlich,
und ich war fest davon überzeugt, dass er zuhörte und alle
meine Gebete mit Gnade beantwortete. Für mich war er eine
bedingungslose Quelle der Liebe und des Trostes, auf die ich
mich in schwierigen Zeiten verlassen konnte. Ich wusste, dass
ich ohne meinen unnachgiebigen Glauben in diesem Leben, das
manchmal so melancholisch und überwältigend sein konnte,
oft verloren und verwirrt gewesen wäre. Mein Glaube war
mein unerschütterlicher Begleiter, der es mir ermöglichte, mich
über die alltäglichen Dinge der Welt zu erheben, und mir half,
in all den Drangsalen, die das Leben mir so oft in den Weg
legte, stark zu bleiben.*

Trotz aller Herausforderungen verstand Sisi schließlich, dass sie sich nicht auf eine bestimmte Glaubenstradition beschränken musste, um Gott zu finden. Stattdessen konnte sie lernen, wie sie über jede Religion auf dieser Erde auf spirituelle Wahrheit zugreifen konnte. Diese Erkenntnis brachte ihr Freude und Frieden, denn sie erlaubte ihr, sich eine umfassendere Sicht auf ihren Glauben und das Göttliche anzueignen. Mit der Zeit erkannte sie, dass alle Lebenswege miteinander verbunden sind und dass das ultimative Ziel darin besteht, eins mit allem und jedem zu werden. Dies schafft eine Einheit, die in einer Welt voller Komplexität und Unterschiede schwer zu erreichen ist. Diese neu gewonnene Erkenntnis gab Sisi eine innere Stärke, die sie auf ihrem Weg zu Gott mitnahm und ihr als Kraftquelle diente. Diese Überzeugung half ihr, Herausforderungen zu meistern und belastbar zu bleiben.

Auf meinem Weg gewann ich unschätzbare Einblicke in Gottes Wege und entdeckte Dinge, die ich vorher nicht gekannt hatte. Es war eine überaus lohnende Erfahrung, die dazu beitrug, mich zu der Frau zu machen, die ich heute bin. Obwohl es auf der Welt ein breites Spektrum an Religionen und Philosophien gibt, verstand ich langsam, dass sie alle dasselbe Ziel anstreben: Frieden und Harmonie zu erreichen. Diese Erkenntnis erfüllte mich mit Stärke, die mir den Mut und die Überzeugung gab, die ich brauchte, um meine spirituelle Reise fortzusetzen, um Gott zu finden. Meine spirituelle Reise war eine individuelle Erfahrung, und doch war ich untrennbar mit einer unendlichen Anzahl anderer Seelen verbunden, die alle dieselbe

Als ich im Bücherregal ein altes Notizbuch von mir wiederentdeckte, war ich angenehm überrascht, einen acht Jahre alten Tagebucheintrag zu finden, der mich absolut faszinierte. Die Lebendigkeit meiner Erfahrungen, die ich vor Jahren in Worten niedergeschrieben hatte, erfüllte mich mit Nostalgie. Es war eine herzerwärmende Erinnerung daran, wie weit ich gekommen war, und an all die wunderbaren Erfahrungen, die mich im Laufe der Jahre geprägt hatten.

Tagebucheintrag: »Samstags fühle ich mich immer am meisten inspiriert, wenn ich normalerweise gegen fünf Uhr morgens aufwache. Während dieser kurzen Zeit, bevor ich vollständig bei Bewusstsein bin, ist mein Geist voller kreativer Bilder und Ideen, die scheinbar aus dem Nichts kommen. So sah ich vor meinem inneren Auge die beeindruckende Skulptur von Jesus Christus am Strand von Porto Cristo im Osten Mallorcas. Im Gegensatz zu traditionellen Statuen von Jesus wird diese besondere Figur auf einem Felsen stehen. Die einzigartige Platzierung macht sie speziell. Christus kniet in königlicher Anmut auf dem harten Boden und trägt nur einen einfachen Lendenschurz, der seinen Körper nicht verhüllt. Seine Hände sind in einer Geste des Empfangens und Gebens geöffnet. Die Statue ist so groß, dass Menschen über eine Treppe zu ihm hinaufgehen können, um in seiner Gegenwart zu sein und sich in der Kraft zu sonnen, die er ausstrahlt. Sein Blick ist nach unten gerichtet und strahlt Güte, Demut und ein starkes Gefühl von Schutz und Heilung für diejenigen aus, die es am meisten brauchen. Er wacht über alles mit einer sanften, aber kraftvollen Präsenz und spendet Trost und Kraft. Ich glaube, dass er aus einem halbtransparenten Material hergestellt werden wird. Das Licht, das von seinem Herzen ausgeht, verleiht ihm einen Hauch moderner Mystik.«

Entwurf "Christus-Statue" für Mallorca, copyright und Patent Dagmar Ridky

Ich bin zu der Erkenntnis gelangt, dass es eine höhere Macht gibt und dass unser aller Schicksal vorbestimmt ist. Den Weg der Seele zu gehen, bedeutet oft, Freiheit zu finden, kann aber auch Angst und Unbehagen hervorrufen, wie ich erlebte, als ich den mutigen Schritt wagte, Künstlerin zu werden.

Sisis tiefes Verlangen nach sinnvoll-menschlichen Verbindungen blieb wegen der starren Natur des kaiserlichen Hofes, der nicht viel Raum für intime Beziehungen ließ, weitgehend unerfüllt. Sie fand es schwierig, sich in einer solchen Umgebung vollkommen zu öffnen und Liebe zu empfangen oder zu geben. Erst später in ihrem Leben konnte Sisi emotionale Intimität erfahren, die ihr die tiefen Verbindungen verschaffte, nach denen sie sich gesehnt hatte.

Ungarn, 1868:

Volle Freude umarmte Kaiserin Sisi ihren vierten Sprössling innig, wohl wissend, dass ihr diese Kleine niemals weggenommen oder in seine Erziehung eingegriffen werden würde. Dieses Baby würde dem Imperium nicht dienen müssen. Stattdessen würde sie es mit all ihrer bedingungslosen Liebe und Zuneigung versorgen.

Ich saß bequem auf dem Sofa und beobachtete mit tiefer Bewunderung und Freude, wie mein kleines Mädchen unschuldig neben mir spielte. Ich streichelte zärtlich ihren Rücken und staunte darüber, wie groß die Ähnlichkeit zwischen ihren Gesichtszügen und denen meines Mannes war. Mein Herz füllte sich mit einem warmen Gefühl der Liebe, und ich lächelte beim Anblick meiner Tochter. Marie Valerie war das vierte und letzte Kind und wurde in Ungarn geboren – von Anfang an liebte ich sie mehr als alle anderen.

Obwohl ich in meiner Ehe einige dringend benötigte Freiheiten gewonnen hatte, war mir die liebevolle Fürsorge für meine Kinder immer noch verwehrt geblieben. Wie es in der Familie Habsburg üblich war, wurden mir meine älteren Kinder weggenommen und nach der Geburt von Ammen, Kindermädchen und Lehrern aufgezogen. Das bereitete mir großen Kummer, da ich einige der wertvollsten Augenblicke nicht mit meinen Kindern erleben durfte. Trotz der Einschränkungen durfte ich zu festgelegten Zeiten Kontakt zu meinen Kindern halten und mit ihnen spielen, aber leider durfte ich sie weder stillen noch erziehen. Erzherzogin Sophie war fest davon überzeugt, dass sich eine Kaiserin ihrem Mann vollkommen zu widmen hatte, und wegen ihrer zahlreichen Verpflichtungen würde sie ihren Kindern ohnehin nicht genug Zeit und Aufmerksamkeit widmen können. Nach vielen Meinungsverschiedenheiten räumte ich schließlich meine Niederlage ein und akzeptierte die Situation in Bezug auf meine Kinder.

Valerie war meine Quelle puren Glücks. Ich konnte sie mit all der Liebe überschütten, die ich meinen älteren Kindern nicht hatte geben können, und sie gab mir endlich die Gewissheit, vollständig zu sein. Meine Hofdamen und andere Familienmitglieder bezeichneten Marie Valerie liebevoll entweder als

»das ungarische Kind« oder einfach als »das Einzige«. Sie hatte einen besonderen Platz in meinem Herzen und wird mir immer in liebevoller Erinnerung bleiben.

7. Kapitel

Ich schob die Biografie weg und atmete die Stille ein, die mich umgab. Obwohl ich keine neuen Informationen entdeckt hatte, fühlte ich mich immer noch tief verbunden mit Sisi –nicht nur körperlich, sondern auch zutiefst emotional.

Mir schien, als könnte sie mich auf emotionaler Ebene verstehen; als könnten wir eine Verbindung in unseren Emotionen teilen. Das erlaubte mir, meinem inneren Selbst zu vertrauen und meine Gefühle anzunehmen, ohne befürchten zu müssen, verrückt zu werden. Mit geschlossenen Augen ließ ich mich von der Musik tragen und spürte, wie sich langsam ein Lächeln auf meinem Gesicht ausbreite. Eine friedliche Stille erfüllte mich, Geborgenheit umfing mich. Meine Sorgen schmolzen dahin, die bezaubernde Melodie übernahm. Mit jedem Schlag meines Herzens wurde meine Entspannung tiefer und tiefer, während ich mich immer weiter in ein Reich der völligen Freiheit und ruhigen Gelassenheit treiben ließ.

Es war so still dort, dass ich unwillkürlich die Luft anhielt und ohne Angst oder Zögern die Umgebung um mich herum aufnahm. Plötzlich war ich mir all meiner Sinne bewusst, als sei die Welt lebendiger geworden –

die Farben heller, die Gerüche intensiver und die Klänge lebendiger. Doch gleichzeitig fühlte sich alles so klar und gelassen an. Meinen Lippen entfuhr ein sanfter Seufzer, mein Körper entspannte sich, meine Augenbrauen lockerten sich, die Stirn glättete sich, und die Muskeln erschlafften in einer beruhigenden Welle der Gelassenheit, die über mich hinwegspülte. Unbändige Freude, Ruhe und Zufriedenheit umhüllten mich, und ich war erfüllt von der tiefen Befriedigung, dass dieser Moment tatsächlich perfekt war – genau so, wie ich ihn mir gewünscht hatte. Während ich tief einatmete, entspannten sich meine Schultern, und all der Stress und die Anspannung der letzten Tage verwehte wie Rauch im Wind. Die Gedanken, die mich geplagt hatten, die überwältigenden Sorgen, die mich verzehrt hatten, erschienen mir jetzt plötzlich so unbedeutend. Mich erfüllte ein großer Frieden, weil ich sicher war, dass am Ende alles gut werden würde, in welcher Situation auch immer.

Es war eine kristallklare Nacht, der Mond schien hell am Himmel, eine sanfte Brise wehte. Als ich auf den Horizont blickte, konnte ich die Anwesenheit meines Urgroßvaters und der Tante meines Vaters fast spüren, als ob ihre Geister aus der Ferne nach mir riefen. Es war gleichzeitig beruhigend und ehrfurchtgebietend. Ich erinnerte mich lebhaft an den tragischen Tag im November 2016, als mein Vater sich wegen seiner schweren und schwächenden Krankheit das Leben nahm. Ihn so lange so leiden zu sehen, brach mir das Herz; das Leben war für ihn zu einem nie endenden Albtraum geworden. Ich schloss die Augen und begann, ein stilles Gebet zu sprechen, dass ich in der Lage sein würde, mit ihnen zu kommunizieren. Nach ein paar Stunden bemerkte ich, dass sich die Temperatur im Zimmer deutlich verändert hatte – es war merklich kühler geworden, und es regnete stark. Langsam öffnete ich die Augen und starrte aus dem Fenster in den dunklen Himmel. Der Vollmond war verschwunden, die funkelnden Sterne nicht mehr sichtbar. Aus der Ferne drang grollendes Donnern, das lauter wurde, als sich das Gewitter näherte.

Als ich langsam den Raum überblickte, schien eine angespannte Atmosphäre aus jeder Ecke zu strahlen. Meine Haut begann vor Anspannung zu prickeln, und mein Herz blieb fast stehen, als ich bemerkte, dass etwas nicht stimmen konnte. Obwohl es keine Anzeichen von jemandem in der Nähe gab, wusste ich intuitiv, dass definitiv etwas im Raum vorhanden war.

Plötzlich erwachte mein Radio unerwartet zum Leben, die Lichter flackerten wild, wie von einer unsichtbaren Kraft gesteuert. Ein eisiger Schauer durchfuhr mich, als ein Luftzug meine Haut streifte und mich vor Kälte zittern ließ. Die Atmosphäre um mich herum war von einer großen Ewigkeit erfüllt – fast so, als würde es von Generationen vergangener Geister vermittelt. Trotz meiner verzweifelten Versuche, tief einzuatmen und meine angespannten Nerven zu beruhigen, spürte ich das Gewicht der Energie der Toten um mich herum, das allmählich zunahm. Es war fast so, als sei ihre anhaltende Präsenz mir bis hierher gefolgt.

Während ich herumwanderte, konnte ich dieses andere, diese fast greifbare Präsenz, nicht ignorieren. Ein Schauer lief mir über den Rücken, als ich das leise Flüstern in der Luft um mich herum hörte, wie tausend Stimmen, die versuchten, in einer unbekannten Sprache mit mir zu kommunizieren. Auch wenn ich die Weisheit, die sie mir einzugeben versuchten, nicht nachvollziehen konnte, war ich zuversichtlich, dass es etwas Wertvolles sein würde. Ich atmete tief ein, schloss die Augen und bereitete mich darauf vor, das Wissen aufzunehmen, das diese Stimmen mir zu vermitteln versuchten. Mit offenem Geist und großem Lerneifer war ich bereit für alle Lebenslektionen, die sie zu bieten hatten.

Die Stille des Raumes wirkte fast unheimlich und bedrückend, ich fühlte mich äußerst unbehaglich. Doch gleichzeitig spürte ich plötzlich eine warme und beruhigende Energie, die sich wie eine Umarmung um mich legte, meinen Geist und meine Gedanken beruhigte. Ich schloss die Augen und atmete tief ein, ließ diesen Frieden über mich kommen. Es war, als würde mir jemand unmittelbar ins Ohr flüstern: »Alles ist in Ordnung.« Diese Worte erzeugten eine bleibende Sicherheit, selbst, nachdem ich die Augen wieder geöffnet hatte.

Als ich in meinem in die Jahre gekommenen Sessel saß, spürte ich überall um mich herum die Anwesenheit von Geistern. Ihre ätherischen Stimmen hallten durch mein kleines Zimmer und füllten meine Ohren mit Geschichten aus ihren vergangenen Leben und den Tragödien, die ihnen widerfahren waren. Anfangs überkam mich Angst, die sich aber allmählich auflöste und Vertrautheit wich. Voller Erstaunen brach ich in Gelächter über die unglaublichen Dinge aus, die sich da vor mir abspielten, und ich empfand eine tiefe Bewunderung für diese Welt. Als meine Angst allmählich schwand, wurde mir klar, dass ich alles verstand, was vor sich ging – es machte endlich Sinn für mich.

Als sich meine Augen langsam an das schwache Licht des wiedererscheinenden Mondes gewöhnt hatten, bemerkte ich, dass die Gespräche langsam abebbten und schließlich alle Stimmen verstummt waren. Das einzige Geräusch, das noch zu hören war, war ein fernes Windspiel, das in der Nachtluft erklang und dessen einsame Melodie in meinen Ohren widerhallte. Als hätte das Schicksal im selben Moment beschlossen, mich hinauszustoßen, erhob ich mich langsam und sah mich in der Leere um, die sich in dem Raum niederzulassen schien, eine Leere, die in der Luft beinahe greifbar war, als ob all die Geister in einem einzigen Augenblick fortgerissen worden wären. Seufzend wandte ich mich ab. Ich spürte diese anhaltende Bindung, die uns auf unerklärliche Weise zusammenhielt.

Resigniert nahm ich den Anblick des Raumes in mir auf. In der Luft lag eine spürbare Ruhe, die eine subtile und doch unmissverständliche Botschaft für den Zweck und die Bedeutung zu tragen schien. Um mich herum eine Stille, die alles in ihrer Umarmung zu umfassen schien. Ich ließ meinen Blick langsam durch den Raum schweifen, nahm jedes Detail auf und versuchte, der Situation einen Sinn zu verleihen. Als ich mich umsah, wurde mir klar, wie monumental diese Erfahrung gewesen war. Ich atmete tief ein und genoss das Gefühl, das durch meine Adern strömte.

Als ich begann, mich zu konzentrieren, wurde mein Geist immer klarer, die Ideen zur Erreichung meiner Lebensziele begannen sich in meinem Kopf zu vereinen. Mit neuer Motivation und Aufregung war ich bereit, das Beste aus dieser Chance zu machen, bereit, mich auf die Reise zu begeben, die mein eigenes Leben ist. Es war eine unglaublich wertvolle Erfahrung, den unterschiedlichen und fesselnden Geschichten und Erfahrungen zuzuhören, die ausgetauscht wurden. Manche davon berührten mich tief, andere weckten meine Anteilnahme oder brachten mich lange zum Nachdenken. Ich ließ alles auf mich wirken und nahm jede Erzählung in mich auf, ohne zu urteilen oder zu kommentieren. Je länger ich dasaß und zuhörte, desto größer wurde mein Verständnis für das Leben und die Welt um mich herum. Da begriff ich plötzlich, dass all unsere unterschiedlichen Erfahrungen Teil eines viel größeren Ganzen sind – verbunden und doch so vielfältig. Dieser Augenblick der Erleuchtung gab mir eine tiefe Verbundenheit und einen inneren Frieden, die ich beide bis heute schätze und in mir trage. Es war eine lebensverändernde Erfahrung, die mir wertvolle Lektionen erteilt und mich zu dem Menschen geformt hat, der ich heute bin.

Ich goss mir langsam ein Glas Rotwein ein, trat auf die Terrasse hinaus und spürte die kühle Nachtluft. Der Mond schien plötzlich so hell, dass es fast wie Tag war, erleuchtete den üppigen Garten und warf einen verträumten Schein auf den Himmel, an dem unzählige Sterne funkelten. Ich atmete tief ein und ließ mich auf die Bank sinken, während ich spürte, wie mein Körper in eine tiefe Ruhe sank. Nachdenklich lauschte ich dem Wind um mich herum und begann, an Sisi zu denken. In diesen Augenblicken fühlte es sich an, als hätten unsere Seelen die Zeit überschritten, und ich erkannte tief in mir selbst ihren Einfluss auf all meine Gedanken.

Aber gleichzeitig hatte ich auch hin und wieder Mühe, ihre Leidenschaft für das Reiten zu verstehen; als ob sie nach einem tieferen Verständnis für etwas suchte, das meines überstieg. Ich starrte in den Nachthimmel über mir und fragte mich, welche Geheimnisse die Sterne enthielten und nach welcher Antwort sie suchte. Leider lieferten die Sterne keine Klarheit.

Meine Gedanken gingen auf Reise.

Zweimal war ich schwanger geworden. Obwohl ich nie Kinder haben wollte, war es jedes Mal ein Schock, als mir klar wurde, was passiert war. Ich versuchte, mir vorzustellen, wie mein Leben mit einem Kind aussehen würde – aber so sehr ich mich auch bemühte, ich konnte mir nicht vorstellen, meine Freiheit dafür aufzugeben. Aber noch schlimmer war der Gedanke an den Verlust des Kindes, den Tod eines unschuldigen Wesens. Der Gedanke schnürte mir die Kehle zu und brachte mich zum Weinen. Mein Herz schlug heftiger als je zuvor; instinktiv war mir dennoch klar, dass dieser Weg für mich der einzig Richtige war: eine Abtreibung.

Nach langem Überlegen entschied ich mich bewusst dafür. Es war eine unglaublich schwierige Entscheidung, und ich spüre das Gewicht immer noch. Auch wenn es mir schwerfällt, darauf zurückzublicken, bin ich überzeugt, dass es in meiner Situation die richtige Entscheidung war. Trotz der wissenschaftlichen Tatsache, dass ein Fötus bis zum 60. Tag der Schwangerschaft keine Seele oder irgendein Bewusstsein hat, kann ich immer noch nicht umhin, über die tatsächlichen Auswirkungen und Konsequenzen nachzudenken, die mit der Abtreibung eines Fötus einhergehen. Es ist eine unglaublich komplexe Situation mit moralischen, ethischen und rechtlichen Implikationen, die sorgfältiges Abwägen verlangt. Ich hatte mir diese Entscheidung nicht leicht gemacht, aber ich konnte auch nicht anders.

Es war ein trüber Tag, als ich die Nachricht von meinem Sohn Rudolf bekam. Die Worte waren zu schwer zu verarbeiten, dass er sich in Schloss Mayerling das Leben genommen hatte. Meine Knie gaben nach, ich sank zu Boden, fiel in Ohnmacht vor Schock und Trauer. Als ich wieder zu mir kam, stürmte eine Flutwelle des Kummers und der Verzweiflung über mich hinweg. Ich konnte – wollte es nicht glauben! Ich presste meine Hände an mein Gesicht und stieß ein schmerzerfülltes und verzweifeltes Jammern aus purer Angst aus. Mein ganzes Wesen war von einem unerträglichen Kummer erfüllt, der schwer auf meinem Herzen lastete und mich mit unermesslicher Trau-

rigkeit erfüllte. Ich fühlte mich völlig verloren und orientierungslos, als sei die Welt ohne ihn plötzlich all ihrer Farbe und ihres Zwecks beraubt. Obwohl ich nichts dagegen tun konnte, entschied ich mich, ihm zu Ehren fortan schwarz zu tragen, als Symbol meiner tiefen Verzweiflung und Trauer – eine kleine Geste, um ihm meine Ehrerbietung zu erweisen.

Sisi saß allein am Fenster, den Blick auf den Horizont gerichtet, während sie zusah, wie die sanfte Brise durch die Bäume wehte und ihr Laub rascheln ließ. Tränen standen ihr in den Augen, ein tiefer Seufzer entwich ihren Lippen. Sie war so unendlich müde. Die Landschaft bot weder Trost noch Ruhe, dennoch war sie von ihrer Schönheit gefangen gehalten – eine kurze Ablenkung von ihren inneren Kämpfen. Sie erinnerte sich liebevoll an all die wunderbaren und kostbaren Augenblicke, die sie mit Rudolf verbracht hatte, der nun nicht mehr bei ihr war. Sisi stellte sich vor, wie es wäre, wieder fröhlich mit ihm zu lachen und gemeinsam im Park spazieren zu gehen – aber das war jetzt nur noch ein schmerzhaft süßer Traum. Da erkannte Sisi, dass sich gerade ein neues Kapitel in ihrem Leben aufgeschlagen hatte: eines ohne Rudolf, der ihr so viel bedeutet hatte. Trotz ihrer Versuche, sich zu beschäftigen und ihrem Leben einen Funken Glanz und Pracht zu verleihen, konnte sie sich weder verstecken noch dem tiefen Schmerz über ihren Verlust entfliehen.

Ich stand vor dem großen Spiegel, der mir meine Trauer und Niedergeschlagenheit zeigte. Meine Augen waren rotgerändert und hohl, erfüllt von einer Leere, die mit jedem Tag größer geworden war. Ich schloss sie fest und versuchte, mich an die freudigen Augenblicke zu erinnern, die ich mit Rudolf geteilt hatte. Sein Lachen hallte durch den Raum, als wir über alles unter der Sonne sprachen. Als ich mich an die bittersüße Erinnerung erinnerte, wusste ich, dass es Zeit für mich war, weiterzumachen. Ich öffnete meinen Schrank und zog das schwarze Seidenkleid heraus, das so lange dort gewartet hatte – ein Symbol meiner Trauer. Meine Hände zitterten, als ich es anzog und langsam zuknöpfte, es erinnerte mich an all das, was verloren gegangen war. Da hatte ich die tiefe emotionale Erkenntnis, dass Rudolf im Geiste tatsächlich bei mir war. Freuden- und Erleichterungstränen liefen mir über die Wangen, aber ich wischte sie schnell weg und erhob mich stolz und aufrecht. Mit jeder vergehenden Sekunde schien der Schmerz in meinem Herzen erträglicher zu werden, und langsam fühlte ich mich wieder wie ich selbst.

Plötzlich durchbrachen die tröstende Berührung einer Hand auf meiner Schulter und die warmen Worte einer sanften Stimme, die sagte: »Majestät, ich bin jetzt hier bei Ihnen«, meine trüben Gedanken. Ich drehte mich zu meiner Zofe um, die mir all die Jahre treu geblieben war, und sah ihr in die Augen, als sie meine Hand in ihre nahm. Ihr Blick war voll tiefem, sanftem Mitgefühl und strahlte die Empathie aus, die sie für mich und meine Situation empfand. Als ihre tröstenden Worte und Blicke endlich die Mauern der Fassade durchbrachen, die ich um mich herum aufgebaut hatte, weinte ich Tränen der Rührung, als ich wieder mit meinem wahren Selbst verbunden war. Meine Zofe sah meine Tränen und musste nun selbst weinen. In diesem Augenblick verbanden wir uns auf einer tiefen emotionalen Ebene und verstanden beide genau, warum die andere weinte. Es war ein emotionaler Augenblick, den niemand sonst hätte miterleben können – er war nur zwischen uns beiden und zeigte, wie sehr es meine Zofe berührte, mich so offen weinen zu sehen und wie niemand sonst Trost spenden zu können. Sie wusste, dass ich diese Augenblicke brauchte, um meinen inneren Schmerz zu heilen und Trost in dieser schwierigen Zeit zu finden.

Wir fanden ein gemütliches Plätzchen unter einem Baum, setzten uns und plauderten stundenlang. Wir fühlten uns sicher, unsere Empfindungen auszudrücken, ohne uns Gedanken über Kritik oder Urteile machen zu müssen. Wir umarmten uns und ließen jede Hemmung fahren, während wir lachten, weinten, Geschichten erzählten und unsere Seelen im tröstenden Verständnis der vertrauten Freundin offenbarten. Nichts fühlte sich verboten oder unschicklich an, da wir wussten, dass unsere Gedanken und Gefühle akzeptiert und niemals von der anderen beurteilt oder missverstanden werden würden. Mit der Zeit wichen meine Tränen der Verzweiflung langsam der Hoffnung und Leichtigkeit, die es mir ermöglichten, meine Trauer zu überwinden und neuen Mut zu finden. Ich fühlte mich optimistischer und bereit, es wieder mit der Welt aufzunehmen.

Jeden Tag stand ich vor der Sonne auf und verließ meine Gemächer, um einige friedliche Augenblicke in den weitläufigen Gärten des Schlosses zu verbringen. Ich zog es oft vor, allein zu wandern und die Schönheit der Natur aus dem majestätischen Grün in mich aufzunehmen. Diese frühen Morgenspaziergänge gaben mir Freiheit und Zufriedenheit, während ich die Ruhe genoss, die mich umgab. Als die aufgehende Sonne den ruhigen See erhellte und das süße Zwitschern der Vögel aus ihren Nestern in den Bäumen zu hören war, schien mir, als die Stimme meines geliebten Sohnes anwesend und linderte all meine Sorgen und Traurigkeit. Ich spürte seine tröstende Gegenwart und wusste, dass nichts anderes zählte.

Ich blickte vom Balkon meines großen Schlosses über die friedliche Landschaft, während ich in Gedanken zu diesen glückseligen Tagen voller Freude und Liebe zurückkehrte. Während ich an Rudolf dachte, musste ich unwillkürlich lächeln, denn er war mir so nah, als stünde er neben mir. Sein vertrautes Lachen hallte sanft durch meiner Erinnerung – fast so als ob er bei mir wäre. Ich akzeptierte schließlich die Realität und atmete tief durch, um es mir bewusst zu machen. Ich umklammerte das Geländer des Balkons fester und beruhigte mich beim Anblick der malerischen Landschaft. Mit einem Lächeln auf den Lippen ging ich schließlich wieder ins Schloss und wurde von einer einsamen, aber friedlichen Stille umhüllt.

Rückblick:

Rudolf lag erschöpft auf dem Bett in seinem Zimmer und starrte an die Decke, sein Blick blieb schließlich auf dem eben geschriebenen Brief hängen. Sein Herz war schwer, nun da er all die Emotionen, die in ihm eingeschlossen waren, mit jedem sorgfältig ausgewählten Wort auf diese Seiten geschrieben hatte. Es war eine große Erleichterung, offen und ehrlich über alles sprechen zu können, ohne Angst. Aber diese neu gewonnene Freiheit brachte auch eine tiefe Traurigkeit mit sich – er wusste, dass seine Entscheidung Schmerz und Leid über andere bringen würde, wenn der Tag kam. Er war sich auch bewusst, dass es unvermeidlich war. Eine einzelne Träne rann langsam über seine Wange, eine Welle der Furcht überflutete ihn, als er den Brief mit geschlossenen Augen fest an seine Brust drückte.

Ein eigenartiges Gefühl der Angst überkam ihn. In Gedanken sah er sich vor sich selbst stehen – ein anderer Mensch als jetzt, frei und glücklich, ohne Einschränkungen oder Fesseln, aber trotzdem im Herzen noch verbunden mit seiner Familie. Er versuchte, seine Tränen zurückzuhalten, doch es gelang ihm nicht: Langsam breitete sich ein Meer auf dem Bettlaken aus. Nach einer Weile stand Rudolf schließlich auf und blickte noch einmal auf den Brief in seiner Hand. Mit neuer Kraft legte er ihn beiseite – ab nun war es an der Zeit, nicht mehr zu kämpfen.

Liebste Mutter,

ich kann mich nicht genug dafür entschuldigen, dass ich nicht persönlich bei Dir sein kann, um Dir meine letzten Worte zu sagen. Aber ich muss diese Gelegenheit nutzen, um mich von den Zwängen des höfischen und königlichen Lebens zu befreien, die mir auferlegt wurden. Mein ganzes Leben lang habe ich hart gearbeitet, um meine Pflicht als rechtmäßiger Anwärter auf den Thron zu erfüllen, und wurde immerzu an all die Verpflichtungen erinnert, die damit einhergehen. Aber dadurch habe ich mich weit entfernt von dem, was mein Herz in Wahrheit begehrt. Meine Sehnsucht nach dieser Verbindung hat mich motiviert und hoffnungsvoll gehalten, diesen Weg einzuschlagen. Ich wollte die Welt erkunden und neue Erfahrungen machen. Ich weiß, dass ich damit vielleicht Enttäuschung und Entsetzen hervorgerufen habe, aber ich hatte keine andere Wahl – mein Herz rief danach.

Ich bin zutiefst erfüllt von der Trauer und Leere in meinem Herzen. Ich entschuldige mich aufrichtig, falls Du jemals wegen einer meiner Handlungen oder Worte verletzt oder traurig warst, und hoffe aufrichtig, dass Du mir vergeben kannst und wir uns vielleicht sogar im nächsten Leben wiedersehen können. Bitte gib gut auf dich acht und auf unsere Heimatstadt Wien und alle Menschen hier; sie bedeuten mir so viel! Sie sind immer in meinem Herzen, und mit liebevollen Grüßen verabschiede ich mich von dir in Liebe.

Dein Rudolf

Die Würfel sind gefallen

Die Würfel sind gefallen,
Ach, Richard ist nicht mehr!
Die Trauerglocken schallen –
Oh, hab Erbarmen Herr!

Es steht am kleinen Fenster
Die blondgelockte Maid.
Es rührt selbst die Gespenster
Ihr banges Herzeleid.

Elisabeth von Österreich

Ich setzte mich an den kleinen Schreibtisch in der Ecke des Raumes, sah aus dem Fenster und spürte die tiefe Verbindung zu dem Kosmos. Es war ein Moment der Ehrfurcht vor dem Unendlichen und was es mir über das Leben und den Tod sagen wollte.

Als ich an meinem Schreibtisch in meinem Zimmer saß, starrte ich gedankenverloren auf das Papier, aus dem ein Brief werden sollte. Ein Brief, den ich an meinen liebsten Franz schreiben wollte. Gedanken der Trauer flogen durch meinen Kopf. Meine Augen waren glasig von den Tränen, die ich eben noch vergossen hatte. Mein Blick wanderte durch den Raum und erinnerte mich an all die Ereignisse der Vergangenheit; als hätte jeder Gegenstand seine eigene Geschichte, die nur darauf wartete, erzählt zu werden.

Die Sonne schien warm durch die Scheibe und tauchte den Raum in ein friedliches Licht. Ich atmete einmal tief durch

und griff nach dem Federhalter, um endlich meinen Brief an
Franz zu vollenden. In stiller Trauer begann ich zu schreiben …

Liebster Franz,

Ich legte müde meinen Kopf auf die Tischplatte und ließ die
letzten Worte des Briefes leise über meine Lippen fließen. Ich
sprach über Dinge des Lebens, über Entscheidungen, die ich
treffen musste und wie ich versuchen konnte, mein Schicksal
selbst in die Hand zu nehmen. Am Ende des Briefes versprach
ich:

Ganz gleich, wann und wo ich wiedergeboren werde –
allein der Kunst als höchste Ausdrucksform der Seele
will ich mich widmen und so meinen Zweck im Leben
finden.

Als ich fertig mit Schreiben war, blickte ich nochmals hinaus in
die Ferne, bevor ich den Federhalter sanft auf dem Tisch ableg-
te und mich baldmöglichst in Richtung Bett begab – bereit für
eine Nacht voller Schlaf und Hoffnung auf eine bessere Zukunft.
Ich las mir den Brief noch einmal leise vor, um ihn dann auf
die Reise zu schicken:

Liebster Franz,

schweren Herzens schreibe ich diesen Brief, tief be-
trübt über die derzeitige Situation. Eine überwältigende, tiefe Melancholie erfüllt mich, die sich Worten
entzieht und nicht leicht in irgendeine Art von Erklärung gebracht werden kann. Diese überwältigende
Empfindung lässt mich hilflos und gleichzeitig seltsam
zurück, auf eine Weise, die ich nicht leicht beschreiben
kann. Mir ist zum Weinen zumute, aber ich kann
nicht weinen. Ich schreibe Dir diesen Brief in Dankbarkeit für Deine Freundschaft, Deine Liebe und die
Erinnerungen, die ich an fröhlichere Zeiten habe. Ich
schreibe, um die Fremdheit auszudrücken, mit der ich
alles um mich herum empfinde, ein Gefühl, das
schwer zu beschreiben ist, am besten aber als Depression, gemischt mit Frieden, gemischt mit Frustration,
gemischt mit Verzweiflung, gemischt mit Erleichterung, gemischt mit Schmerz, alles auf einmal. Es gibt
Minuten, in denen die Dinge düster erscheinen, und
dann gibt es die Erinnerungen, die mich zum Lächeln
bringen, obwohl mein Leben gerade so schrecklich ist.
Ich bin dankbar für die schönen Augenblicke. Dieser
Brief mag für Dich nicht viel Sinn ergeben, aber er
bedeutet mir viel, und ich hoffe, dass Du es verstehst.
Ich möchte verzweifelt meinen Gefühlen freien Lauf
lassen und weinen, doch ich finde mich völlig ausge-
laugt von den Tränen. So sehr ich es auch versuche,
alles, was bleibt, ist eine Traurigkeit ohne Tränen dafür.

Kürzlich habe ich über meine vergangenen Erfahrungen nachgedacht und die Empfindungen, die sie hervorgebracht haben, waren unbestreitbar schwierig und herzzerreißend. Es war eine schwierige Reise, mich meiner Vergangenheit zu stellen und sie zu akzeptieren, aber ich lerne langsam, diesen Gefühlen mit Stärke und Belastbarkeit zu begegnen.

Ich fühlte oft eine schwere Last von Geheimnissen, die mich davon abhielten, mich voll und ganz für viele Dinge zu öffnen. Diese Geheimnisse können unglaublich überwältigend werden, wenn sie mit den falschen Menschen geteilt werden oder an Tagen, an denen ich mich besonders verwundbar fühle. Diese Geheimnisse zu verbergen, verursacht nur weiteren Schmerz und Angst, was es schwierig macht, im Leben voranzukommen.

Es ist so schmerzlich zu wissen, dass wir nicht immer auf den eigenen Weg Einfluss nehmen können, den das Leben uns vorschreibt. Manchmal frage ich mich, ob alles bereits vorherbestimmt ist oder ob wir Menschen unseren eigenen Weg bestimmen können. Was meinst du, Franz? Ich denke, dass wir unseren Weg wählen. Deshalb tut es so weh, wenn uns etwas Schlimmes widerfährt und uns gesagt wird, »dem Schicksal entsprechend«. Es klingt, als würde man Ausreden für seine eigenen Mängel finden. Es ist schade, dass wir nicht alles kontrollieren können. Ganz gleich, wie sehr wir uns bemühen, das Schicksal kann nicht kontrolliert werden und wird von Kräften bestimmt, die außerhalb unserer Kontrolle liegen. Wir alle unterliegen den

Launen des Schicksals, und es ist wichtig, sich daran
zu erinnern, dass das Schicksal immer seine eigenen
Pläne für uns haben wird, ganz gleich, wie viel wir
für die Zukunft planen.

Während es unendlich viel Wissen über den Tod zu er-
werben gibt, stehen meine eigenen Überlegungen zu
diesem Thema oft im starken Gegensatz zu den traditionellen Überzeugungen der Kirche. Dies kann ein
schwieriges und komplexes Thema sein, aber es ist
wichtig, dass wir unsere eigene Sterblichkeit weiter erforschen und verstehen. Doch ich bin längst darüber
hinausgewachsen und versuche stattdessen herauszufinden, ob ich mich jemals für eine Wiedergeburt entscheiden will – um endlich mein Schicksal selbst in
die Hand zu nehmen. Meine eigenen Gedanken zum
Tod sind, dass es nur eine Zustandsänderung ist. Es
ist nicht das Ende, obwohl es uns oft schwerfällt, dies
zu verstehen, und ich denke, es liegt daran, dass es
unendlich viel über das Leben nach dem Tod zu lernen gibt.

Ich denke, wir alle verdienen eine weitere Chance. Soweit ich das beurteilen kann, bekommt niemand im
Leben, was er will oder verdient – was bedeutet, dass
wir auch mit ungeschehenen guten Taten und verpass-
ten Gelegenheiten sterben müssen, bevor wir eine weitere Chance bekommen.

Das Einzige, was den Tod wert macht, ist die Aussicht
auf ein besseres Leben. Ich denke, wir nehmen zu viele
Dinge als selbstverständlich hin, und ich habe es genossen, darüber nachzudenken, warum wir hier sind,

was wir mit uns selbst anfangen sollten und wie wir
diesen Ort besser machen können.
Wo immer ich wiedergeboren werden soll, ist es mein
Traum, mich ausschließlich der Kunst zu widmen –
denn sie ist die reinste Ausdrucksform für die Seele.
Mit meiner Kunst bemühe ich mich, die innere Schön-
heit zu enthüllen, um diese Welt zu einem besseren
Ort zu machen. Es gibt nichts, was ich mehr liebe, als
etwas zu erschaffen. Ich zeichne, seit ich drei Jahre alt
bin, und seitdem ist es ein großer Teil meines Lebens.
Das Einzige, was mich immer beruhigt hat, war das
Zeichnen, lesen und der Sport, vor allem auf meinen
geliebten Pferden; es hilft mir beim Denken und beim
Ordnen meiner Gedanken.
Ganz gleich, wann und wo ich wiedergeboren werde –
allein der Kunst als höchste Ausdrucksform der Seele
will ich mich widmen und so meinen Zweck im Leben
finden.

Deine Sisi

Ich schrieb Seite um Seite voller Gedanken, Betrachtungen und Erinnerungen nieder, die mich teils betäubten, teils begeisterten. In einem plötzlichen Anfall von Inspiration hatte ich diesen letzten Satz formuliert: »Ganz gleich, wann und wo ich wiedergeboren werde – allein der Kunst als höchste Ausdrucksform der Seele will ich mich widmen und so meinen Zweck im Leben finden.«

Mit diesem Schwur versiegelte ich mein Bekenntnis für eine lebenslange Hingabe an die Kunst. Es folgte ein Augenblick tiefer Ruhe, bevor ich endlich aufstand und langsam zu Bett ging. Die Erschöpfung war groß, aber meine Entschlossenheit noch größer – eine Entschlossenheit, die mich weiterhin antreiben sollte.

8. Kapitel

Mallorca, Herbst 2020

Auf Mallorca nahte der Herbst, die Temperaturen waren angenehm mild. Ein perfekter Ort, um zu arbeiten und meine Ideen zu vertiefen. Als ich auf meinem Balkon saß, war das einzige Geräusch, das mich begleitete, das beruhigende und ruhige Rauschen der Meereswellen, die in der Ferne brachen. Es war ein friedlicher und kraftvoller Augenblick, der mich daran erinnerte, wie klein unser individuelles Leben im Vergleich zur Weite der Natur ist. Es herrschte eine wunderbare Atmosphäre, in der ich mich ganz auf meinen Entwurf der Christus-Statue konzentrieren konnte. Mit akribischer Präzision verfeinerten und perfektionierten meine Hände geduldig die komplizierten Einzelheiten des Körpers, bis das Kunstwerk vollendet war. Jede sorgfältig ausgearbeitete Bewegung brachte die Skulptur der Perfektion näher, wobei jede Berührung sie lebensechter und schöner machte. Stolz betrachtete ich meine Arbeit, da jedes einzelne Detail genau so war, wie ich es mir vorgestellt hatte. Einer der schwierigsten Teile des Prozesses war jedoch die Fertigstellung, aber ich war überzeugt, dass sie eines Tages auf Mallorca gebaut würde.

Während ich beobachtete, wie die sich ständig verändernden Wolken langsam über den Himmel zogen, wurde mein Geist angeregt, über das Konzept der Zeit nachzudenken und darüber, wie sie sich anfühlte.

Es ist ein komplexes Rätsel, das uns immer wieder auffordert, über unsere Lebenserfahrungen nachzudenken und darüber, was das alles bedeutet. Es ist bemerkenswert, wie sich jeder einzelne Augenblick des Lebens neu erfindet und weitergeht, was wiederum neue Möglichkeiten schafft, die es zu erkunden gilt. Es ist schön zu sehen, dass die Zeit vergeht und uns ständig neue Möglichkeiten und Chancen bringt, unser Leben besser zu machen, auf neue und aufregende Weise. Die grauen Wolken, die wir vielleicht derzeit am Himmel sehen, machen bald neuen, erfrischend weißen Platz.

Die Zeit schreitet ständig voran und schafft Veränderungen und Möglichkeiten für diejenigen, die bereit sind, sie zu erforschen. Ich bin so froh, die Veränderungen in unserem Leben zu sehen, weil sie neue Menschen und Erfahrungen mit sich bringen. Es ist erstaunlich, wie sich auch das Leben ständig verändert – wie uns jeder Augenblick tief beeinflussen kann, aber auch, wie jeder Augenblick Potenzial für inneres Wachstum in sich trägt.

Wer kann uns garantieren, dass unsere Seelen nicht zwischen verschiedenen Ebenen hin- und herspringen können? Was würde passieren, wenn wir lernen könnten, den Ablauf der Zeit zu verstehen und selbst zu bestimmen? Wir alle tragen das Potenzial in uns, das Dasein auf eine neue und aufregende Weise zu erleben, wenn wir unserer Seele erlauben, ihre Grenzen über Raum und Zeit hinaus zu erweitern. Indem wir das Unbekannte annehmen, können wir unseren Geist für eine Reihe von Erfahrungen öffnen, die uns helfen könnten, neue Aspekte von uns selbst zu entdecken. Das Leben steckt voller Möglichkeiten. Warum also nicht alle erkunden?

Um uns von den Zwängen der Zeit zu befreien, müssen wir uns vom linearen Denken verabschieden. Es ist wichtig, nicht in der Zeit steckenzubleiben, weil wir damit das, was wir tun und erleben können, einschränken. Die einzig wirkliche Gewissheit ist die Veränderung, und infolgedessen gibt es unzählige Möglichkeiten, das Leben zu erleben und dennoch offen zu bleiben. Was wäre, wenn wir in der Lage wären, aus der Zeit herauszutreten? Wir müssten uns nie um die Vergangenheit oder Zukunft sorgen, weil sie jetzt genau hier bei uns wären. Unsere Seele würde durch das Heraustreten aus dem Linearen befreit. Es ist die Zeit, die uns als Geisel hält.

Wir werden in eine Welt voller Bedeutung hineingeboren. Dieser Sinn ist in unserer Existenz begründet, und es liegt an uns, den Zweck unseres Lebens selbst zu schaffen. Wenn wir diesen Sinn nie geschaffen haben, dann leben wir vielleicht für jemand anderen oder etwas anderes als uns selbst – auch wenn es nicht bewusst oder absichtlich ist. Unser Leben hat dieses kreative Potenzial, weil das Universum uns zu jedem beliebigen Zeitpunkt Entscheidungen präsentiert, auch wenn wir gerade keine Lust haben, diese Entscheidungen zu treffen. Wir alle erschaffen unsere eigene Definition und Erfahrung dessen, was es bedeutet, am Leben zu sein.

Im Laufe der Jahre verstand ich, dass die Zeit ein Fluss ist, der niemals angehalten werden kann. Es gibt Phasen, in denen es am besten ist, einfach mit dem Strom zu schwimmen und uns dorthin bringen zu lassen, wo wir sein müssen. Trotz der schwierigen Zeiten in meinem Leben fühlte sich der Versuch, sie zu verstehen, manchmal an, als würde ich gegen eine feste Wand schlagen, aber am Ende schienen Weisheit und Verständnis durch. Ich hatte den Punkt in meinem Leben erreicht, an dem ich wusste, dass es an manchen Tagen am besten war, einfach loszulassen und dem Fluss der Zeit zu erlauben, uns dorthin zu bringen, wo wir sein müssen. Manchmal, wenn ich mich stark und selbstbewusst fühlte, war ich in der Lage, die Kontrolle über mein Leben zu behalten, und obwohl ich immer noch über Dinge frustriert war, wusste ich, dass es in Zeiten wie diesen am besten war, nicht zu kämpfen, sondern loszulassen.

Aber es ist diese einzigartige Erfahrung des Entdeckens und Erforschens, die uns antreibt und vorantreibt. Während wir nach Antworten auf unsere Fragen suchen, entwickeln und gewinnen wir ein besseres Verständnis für die Welt um uns herum und erschließen dabei neue Möglichkeiten. Wenn es stimmt, dass unsere Seelen nach dem Tod weiterleben, dann ist eine der faszinierendsten Fragen: Wohin gehen sie? Bleiben sie in derselben Welt oder wechseln sie in ein anderes Reich? Was passiert denn mit all den Erinnerungen und Gefühlen, die wir im Laufe unseres Lebens angesammelt haben? Dürfen wir sie behalten, oder müssen wir sie aufgeben, wenn wir diese Welt verlassen? Dies sind nur einige Fragen, denen wir im Leben nachgehen, und es fehlt nicht an Antworten.

Eine der beliebtesten Theorien darüber, was mit uns nach dem Tod passiert, ist, dass unser Geist weiter existiert, aber wir in eine andere Dimension gehen. Diese These ist als die Idee der ewigen Seele bekannt. Einige glauben, dass die Seelen der Menschen zu Lebzeiten in ein alternatives Reich eintreten und dortbleiben, wenn sie gestorben sind; dieses Reich kann alles sein, vom Himmel bis zur Hölle, oder es kann ein Zustand zwischen Leben und Tod sein, in dem sich alles ändert, als würde unser Geist den Körper verlassen, bevor wir in einem neuen Körper aufwachen. In der Vergangenheit dachten die Menschen, dass unsere Seelen auf einer spirituellen Ebene existierten, und sobald wir sterben, würden unsere Seelen in diese Ebene übergehen. Die moderne Wissenschaft hat jedoch bewiesen, dass Seelen nicht nur spirituelle, sondern auch physische Wesen sind. Das bedeutet, dass es einen anderen Körper in uns gibt, mit dem wir durch eine Nabelschnur namens »Chakra« verbunden sind. Es gibt auch Beweise, die die Theorie der ewigen Seele stützen, aber auch solche dagegen, wenn wir uns fragen, was mit Erinnerungen und Gefühlen passiert, wenn wir sterben.

Ich bin immer wieder erstaunt, wie sich mein Leben und das Leben Sisis auf so vielfältige Weise miteinander verflochten haben. Die Art, wie ich die Welt sehe, wie ich Optionen in Betracht ziehe, bevor ich Entscheidungen treffe – all diese Dinge geben mir die Sicherheit, in gewisser Weise ein Teil ihres Lebens zu sein. Ohne einen Funken Zweifel bin ich mit einem inneren Wissen erfüllt, das völlig mit mir in Einklang ist. Ich akzeptiere dieses Gefühl der Verbundenheit und Freiheit in meiner Seele und erkenne, dass es mich auf eine unglaubliche Reise der Erforschung und Selbstfindung führen wird. Zu wissen, dass mich meine Seelenreise an jeden Punkt im Leben führen kann, gibt mir ein wunderbares Gefühl der Befreiung und des grenzenlosen Potenzials.

Mit jedem Schritt, den ich mache, werde ich gestärkt und mit spirituellen Einsichten gesegnet, die mir eine tiefere Wertschätzung des Lebens und seines Wertes geben. Meine innere Reise war ein spirituelles Erwachen, das mich auf bisher unvorstellbare Weise mit dem Universum und all seiner Pracht verbunden hat. Es hat mir ermöglicht, das Leben neu zu erleben und mit neu entdeckter Bewunderung für alles, was ist. Ich sehe mich unablässig herausgefordert, tief nach innen zu graben, um die Wahrheiten meines Wesens zu entdecken. Es ist ein Prozess der Selbstliebe und des Verstehens; ein erleuchtender Weg, der mich der Vollendung meiner Seelenreise näherbringt.

Diese Freiheit bringt mir immense Freude und Glück. Sie erlaubt mir nicht nur, mein Leben mutig nach meiner eigenen Vision und meinen eigenen Werten zu leben, sondern hilft mir auch, mich an die Verbundenheit aller Dinge zu erinnern, und gibt mir einen unschätzbaren Einblick in meine spirituelle Reise. Ich bin mir meiner geistigen Natur zutiefst bewusst, und dies hat mich befähigt, das Beste aus jedem Augenblick in meinem Leben zu machen – seien es jene voller Freude und Schönheit oder jene, die schwieriger sind. Ich bin unglaublich dankbar, diesen Weg zu gehen, mein wahres Selbst zu entdecken und als Person zu wachsen.

Jeden Tag erforsche und lerne ich mehr über die endlose Liebe in mir, die mich mit dem gesamten Universum verbindet. Während ich tiefer in meine eigene Seele reise, entdecke ich, dass all die Freude, Zufriedenheit und Liebe, die ich jemals brauchen könnte, bereits in mir vorhanden sind. Mit dieser Erkenntnis kann ich endlich akzeptieren, dass ich genug bin – und immer alles haben werde, was ich brauche.

Genf, September 1898

Am schicksalhaften Tag des 10. Septembers 1898 verließ Kaiserin Elisabeth von Österreich-Ungarn gegen 13:30 Uhr das Hotel Beau-Rivage in Genf und bestieg mit ihrer Hofdame Irma Sztáray den Raddampfer »Genève«. Die traurigen Szenen rund um ihren Tod trafen die Genfer Bevölkerung bis ins Innerste und waren eine ständige Erinnerung an ihren Tod, der sie noch lange fest im Griff halten sollte.

Dort schritten sie gemeinsam entlang der Seepromenade Quai Mont Blanc – als mit einem Mal der italienische Anarchist Luigi Lucheni auftauchte und ihr eine spitze Feile ins Herz stieß. Die Tragik dieses Augenblicks wird den kommenden Generationen in Erinnerung bleiben. Die scharfe Klinge durchdrang so subtil ihre Haut, dass die Kaiserin die Wunde nicht bemerkte, weil sie glaubte, ihr Angreifer habe sie nur mit der Faust getroffen. Aber als sie wieder auf die Beine kam, um denjenigen, die vorbeigekommen waren und ihr geholfen hatten, ihre Dankbarkeit auszudrücken, waren alle plötzlich von Entsetzen überwältigt, als sie eine Stichwunde an ihrer Seite bemerkten. Elisabeth wechselte mit Irma Sztáray ein paar Worte über diesen unerwarteten Vorfall, bevor sie sich schließlich entschied weiterzugehen.

Zehn Minuten später brach sie endgültig zusammen und legte sich auf dem Dampfer nieder. Ihre letzten Worte waren angeblich: »Aber was ist denn mit mir geschehen?«

Sie wurde 60 Jahre alt. Bevor sie starb, spendete ihr ein Priester die letzten Sakramente der Kirche, und ihr Sarg wurde mit einer provisorischen Trage in die Familiengruft auf dem Kapuzinerfriedhof gebracht. An dieser heiligen Zeremonie nahmen viele ihrer traurigen Familienmitglieder und Freunde teil, um sich endgültig zu verabschieden.

Ihr früher Tod war ein herzzerreißender Verlust, den die Wiener Bevölkerung tief betrauerte und der sie viele Tage danach in großer Betroffenheit zurückließ. Es war eine Tragödie, die die Stadt tief verletzte und an die man sich bis heute erinnert. Es kursierten viele Gerüchte darüber, was mit der Kaiserin geschehen war. Die

Menschen waren schockiert und ungläubig, als sich die Nachricht von Elisabeths plötzlichem Tod nur eine Stunde nach ihrer Ankunft auf dem Schiff verbreitete. Zu Ehren der Kaiserin wurden an den Ufern der Donau Blumenarrangements als Gedenken für sie niedergelegt. Einerseits trauerten Menschen auf der ganzen Welt tief um den Tod einer geliebten Monarchin, die während ihrer Regierungszeit weithin bewundert worden war, andererseits beteten viele für ihre Seele und hofften, dass sie endlich Frieden finden würde.

Ich liege schwer verletzt auf dem Schiff und blicke zum Himmel hinauf. Während ich hier liege und die Vögel am Himmel aufsteigen sehe, denke ich über mein langes Leben und die vielen Erinnerungen nach, die an mir vorbeiziehen; von meinen Kindheitstagen, die ich in der Pracht von Schloss Possenhofen verbrachte, bis hin zu der unermesslichen Liebe, die ich mit Franz teilen durfte. Aber es sind auch Augenblicke schmerzhaften Verlustes und eines unermüdlichen Kampfes für Freiheit.

Ich staune über die wundersame Reise meines Lebens, jetzt, da der Tod näher rückt und mich tiefer Frieden erfüllt. Als ich schließlich zum letzten Mal die Augen schließe, erfüllen mich Dankbarkeit und Liebe, während ich ins Jenseits aufsteige.

Ich liege hier und spüre, wie das Leben langsam aus mir herausfließt. Alles um mich herum erscheint so weit entfernt. Ich frage mich, ob meine Zeit schon gekommen ist. Mein Körper scheint so leer, als würde irgendetwas fehlen. Doch da ist ein Frieden in mir, als hätten sich all meine Sorgen und Ängste in Luft aufgelöst. Die Welt verblasst vor meinen Augen, und es ist wie ein Segen. Es gibt keinen Schmerz mehr, nur noch Liebe und Freude in meinem Herzen. Ich will loslassen und bin bereit zu gehen, denn ich weiß, dass ich am Ende der Reise einen Ort erreichen werde, an dem ich mehr erfahren werde als je zuvor. Ich habe aufgegeben, für mehr Zeit zu kämpfen. Ich bin bereit, loszulassen, und wenn ich das tue, wird meine Reise endlich zu Ende sein. Der Schmerz vergeht, und alles, was übrigbleibt, sind Liebe und Frieden.

Abschied von Zandvoort

Noch einen letzten, langen Blick

Auf dich geliebtes Meer!
Dann lebe wohl, so schwer's

auch fällt, Gott geb', auf Wiederkehr!
Zum Abschiedsgrusse wählt' ich mir
Die stille Mondesnacht
Du liegst vor mir

ein schimmernd Bild -
In deiner Silberpracht.
Wenn morgen übers Dünenland
Der Sonne Strahl dich streift,

Bin ich mit raschem Flügelschlag
Schon weit von hier geschweift.
Umkreisen wird dich, wie zuvor,
Der Möven weisse Schar;
Dass unter ihnen eine fehlt,

Wirst du es wohl gewahr?

Elisabeth von Oesterreich, 1855

Die wunderbaren, herzlichen Gedichte der Kaiserin Elisabeth von Österreich-Ungarn, liebevoll Sisi genannt, wurden 1984 veröffentlicht und sind bis heute in Buchhandlungen auf der ganzen Welt zu finden. Auf ihren letzten Wunsch hin wird ein Teil des Erlöses aus jedem Verkauf an den Hohen Flüchtlingskommissar der Vereinten Nationen (UNHCR) gespendet. Dies wurde 1980 vom Bundesrat beschlossen, um ihr Vermächtnis zu ehren und sicherzustellen, dass ihre Worte weiterhin den Bedürftigen helfen.

Wir fragen uns oft, warum wir uns mit bestimmten Orten, Menschen und Situationen in unserem Leben so verbunden fühlen. Könnte es daran liegen, dass ein Teil von uns schon einmal ähnliche Erfahrungen gemacht hat? Möglicherweise sind unsere Seelen bereits durch viele Leben gereist und in einem neuen Körper mit der gleichen Ich-Form zurückgekehrt.

Die Idee der Wiedergeburt oder Reinkarnation war in den alten Kulturen lange Zeit ein Thema der Kontemplation und der Neugierde. In alten Texten wird der Kreislauf von Leben und Tod als eine kontinuierliche Reise beschrieben, auf der jede Seele schließlich zu ihrem Ursprung zurückkehren wird. Dies deutet darauf hin, dass wir alle für viele Runden hier auf der Erde sind und jedes Mal eine andere Form oder Identität annehmen, aber dennoch tief im Inneren denselben Wesenskern behalten.

Vielleicht gibt es Lektionen, die wir noch lernen müssen, oder unerledigte Angelegenheiten aus unseren früheren Leben, die wir in diesem Dasein erledigen müssen. Es ist möglich, dass einige der Menschen und Situationen um uns herum ein Echo unserer früheren Erfahrungen sind.

Es ist tröstlich zu wissen, dass unsere Seelen nach dem Tod unseres physischen Körpers weiterleben und ihre Reise durch viele weitere Leben fortsetzen werden. Wir nehmen vielleicht verschiedene Identitäten an, aber dieselbe Seele wird mit jeder neuen Inkarnation weiterreisen und an Weisheit gewinnen. Das Schöne an der Wiedergeburt ist, dass sie es uns allen ermöglicht, irgendwann nach Hause zurückzukehren – um mit denen, die wir lieben, wieder vereint zu sein und schließlich an einem Ort des ewigen Friedens und der Freude zu ruhen.

Das Geheimnis des Lebens und unserer Existenz verwirrt uns seit Anbeginn der Zeit.

Wir suchen nach Antworten auf Fragen, die wir vielleicht nie erfahren werden, und hoffen dennoch, in diesem Chaos einen Sinn zu finden.

Unser Leben ist voller Ungewissheit, aber auch voller Schönheit und Potenzial; jeder Augenblick ist eine Chance, neu zu beginnen.

Das Leben hält immer wieder Überraschungen für uns bereit, vom Alltäglichen bis zum Außergewöhnlichen, und jede davon erinnert uns an unsere Vergänglichkeit.

Die Entscheidungen, die wir treffen, wirken sich nicht nur auf unseren eigenen Weg aus, sondern auch auf die Menschen um uns herum.

Es ist leicht, von der Komplexität des Lebens überwältigt zu sein, aber es ist auch wichtig, sie anzunehmen und aus ihnen zu lernen. Nur so können wir besser werden und Versionen von uns selbst mit der Welt um uns herum verbinden.

Das Mysterium des Lebens wird immer bestehen bleiben, aber in seiner Komplexität liegt ein unendliches Potenzial für Wachstum.

Wir müssen die Herausforderung annehmen und dürfen die Schönheit, die wir in uns tragen, nie aus den Augen verlieren.

Wie eine stille Nacht schleicht sich der Tod langsam und lautlos an.

Er bringt ein unausweichliches Schicksal mit sich, das jede Hoffnung auf die Größe und Pracht des Lebens zunichte macht.

Die Endgültigkeit seiner kalten Umarmung kann uns traurig und verloren erscheinen lassen.

Doch wenn wir unter die Oberfläche schauen, entdecken wir, dass der Tod nicht das Ende ist, sondern ein neuer Anfang.

Denn hinter dem Schleier der Sterblichkeit liegt die Ewigkeit – ein Ort, an dem die Seelen frei wandern und ihr Innerstes erkunden können.

Hier steht die Zeit still, und nichts kann jemals verloren oder vergessen werden.

In diesem Reich leben unsere Lieben für immer in unseren Herzen und Erinnerungen weiter.

Und so, auch wenn uns der Gedanke an den Tod traurig macht, können wir doch Frieden finden, weil wir wissen, dass das Leben nach dem Grab weitergeht.

Der Tod ist kein Ende, sondern ein Übergang – von einer Welt zur anderen.

Es ist eine Reise von der Dunkelheit ins Licht und von der Trauer zur Freude.

Und wenn wir diese Schwellen überschreiten, begreifen wir, dass der Tod einfach Teil des großen Kreislaufs des Lebens ist – ein Kreislauf der Erneuerung, des Wachstums und der Wiedergeburt.

Ich finde den Grund für mein Leben dann, wenn ich allein bin, dem Schlagen meines Herzens lausche und seinen sanften Rhythmus spüre.

Wenn sich eine einsame Sekunde in eine Ewigkeit des Friedens und der Klarheit verwandelt, weiß ich, dass ich genau da bin, wo ich sein muss.

Dann werde ich daran erinnert, dass das Leben eine Reise der Selbstentdeckung und des Wachstums ist – ein Weg zum Verständnis unserer wahren Bestimmung.

Unser Leben ist dazu bestimmt, freudig, mitfühlend und in Liebe gelebt zu werden – und nicht durch Schmerz oder Zweifel belastet.

Jeder Tag bringt uns der Suche nach unserer inneren Wahrheit und unserer Bestimmung in dieser Welt näher.

Denn jede Erfahrung lehrt uns etwas Neues über uns selbst und hilft, unseren Weg zu erhellen.

Selbst in den dunkelsten Zeiten können wir Trost in dem Wissen finden, dass uns auf der anderen Seite etwas Schönes erwartet.

Das Dasein ist eine Reise der Erkundung und des Abenteuers – eine Suche, um unsere innersten Wünsche und Träume zu entdecken.

Und mit jedem Schritt, den wir tun, kommen wir dem Grund für unser Leben näher.

Die ewige und unveränderliche Seele ist ein zeitloser Funke des göttlichen Lichts.

Sie lebt durch die Zeitalter hindurch weiter und verschwindet nie aus der Existenz.

Ganz gleich, wie viele Jahre vergehen oder wie viel sich in unserer Welt verändert, die Seele ist unsterblich und allgegenwärtig.

Auch wenn unser physischer Körper der Sterblichkeit unterliegt, bleibt unser Bewusstsein unsterblich.

Durch den Tod gehen wir in etwas viel Größeres über – in ein unendliches Reich der Weisheit und des Friedens jenseits der physischen Grenzen.

Wir sind wieder mit denen vereint, die wir verloren haben, und mit allen anderen Seelen, die vor uns auf die Reise gegangen sind.

Hier sind wir frei, unerforschtes Gebiet zu erkunden und neue Tiefen des Verständnisses und des Mitgefühls zu entdecken.

Unsere Seelen werden Teil einer ewigen Kette und verbinden uns mit der Vergangenheit, der Gegenwart und der Zukunft.

So ist der Tod nicht das Ende unserer Geschichte, sondern vielmehr eine Brücke zwischen den Welten – von der Dunkelheit zum Licht und von der Sterblichkeit zur Unsterblichkeit.

Denn die Seele ist zeitlos und unendlich – ihre Kraft ist unendlich. Erinnern wir uns also daran, dass es selbst im Tod eine Wiedergeburt gibt, denn unsere Seelen werden niemals sterben. Sie werden für immer weiterleben.

Die Schönheit des Lebens liegt in ihren einfachen Freuden – die Wärme der Sonne auf unserer Haut, die Frische der Luft nach einem Sturm und die Freude am Lachen mit Freunden und Familie.

Sie zeigt sich in atemberaubenden Landschaften und ehrfurchtgebietenden Momenten des Staunens; sie ist zu spüren, wenn wir unser Herz für Liebe und Verbundenheit öffnen.

Das Leben ist voller erlesener Schönheit, wenn wir innehalten, um sie zu schätzen.

Diese Schönheit wahrzunehmen, den Augenblick voll auszukosten, das war Sisis Art von Superkraft. Kaiserin Sisi hatte eine unstillbare Sehnsucht nach dem Leben, ein Verlangen, seine Schönheit und sein grenzenloses Potenzial zu entdecken.

Ihr Geist war von einer unendlichen Neugier und Leidenschaft erfüllt, die sie dazu trieb, in jedem Winkel der Welt das Abenteuer zu suchen.

Sie suchte an den Orten, die sie bereiste, nach einem Sinn und nahm jede neue Erfahrung als Gelegenheit wahr, mehr über sich selbst zu erfahren.

Sie schaute immer nach vorne, überschritt ihre Grenzen und suchte nach Möglichkeiten, ihr Verständnis vom Leben zu erweitern.

Ganz gleich, wie weit sie reiste oder welche Hindernisse sie zu überwinden hatte, Kaiserin Sisi gab nie auf.

Ihr Ehrgeiz und ihr Mut inspirierten die Menschen in ihrer Umgebung dazu, größere Träume zu haben und höhere Ziele als je zuvor zu erreichen.

Für sie war das Leben ein sich ständig verändernder Wandteppich aus Schönheit, Abenteuer und Entdeckung.

Es war eine Reise ohne Grenzen – eine Reise, die sie mit jeder Faser ihres Wesens annahm.

Kaiserin Sisis unstillbare Sehnsucht nach dem Leben hat es geschafft, die Zeiten zu überdauern und ein neues Gefäß zu finden, ein neues Ich – mich!

Die Schönheit des Lebens findet sich in großen und kleinen Momenten – von freudigen Wiedersehen bis hin zu friedlicher Einsamkeit.

Sie existiert in unseren innersten Träumen, selbst wenn sie unmöglich oder unerreichbar erscheinen.

Lasst uns also diesen kosmischen Tanz ehren, indem wir jeden Tag mit Liebe und Anmut leben, denn schon bald wird unsere eigene Zeit kommen, wenn der Tod uns schließlich nach Hause bringt – um uns dann, in ungewisser Zukunft – zurück ins Leben zu tragen.

Ich war schon einmal hier, in einer längst vergessenen Zeit. Die Erinnerungen an meine vergangenen Leben verweilten in mir wie das Echo eines fernen Liedes.

Manchmal war mir, als könnte ich die Gegenwart der Seele eines anderen spüren, als wäre sie ein alter Freund.

Mit jedem Tag, der verging, und jedem neuen Leben, das begann, wurde ich an vergangene Zeiten und an alles, was ich gesehen habe, erinnert.

Mein Weg änderte sich ständig, aber eines blieb gleich – meine Seele wird durch Wiedergeburt und Erneuerung immer wieder weiterleben.

Trotz der Hindernisse, die sich mir in den Weg stellten, hielt ich an der Hoffnung fest, dass meine Reise mich schließlich nach Hause führen würde.

Jedes Leben bringt einzigartige Lektionen und Herausforderungen mit sich, aber ich fand Trost in dem Wissen, dass meine Seele weiterreisen würde.

Mein Geist war unzerstörbar, er würde sich immer wieder reinkarnieren und sich durch die Zeitalter hindurch verändern.

Während sich meine Gestalt entwickelte und mit jedem Wechsel der Zeit veränderte, war ich dankbar für das Geschenk der Wiedergeburt.

Denn es ist dieser Kreislauf von Leben und Tod, der uns alle in einer wunderschönen Harmonie der Ewigkeit vereint.

Die zeitlose Flamme des Verstehens brannte hell in mir, während ich mich durch die Abschnitte des Lebens zu neuen Höhen bewegte.

Der Tod mochte eines Tages an meine Tür klopfen, aber ich wusste, dass seine Umarmung mich nur zu größeren Dingen führen würde.

Denn jenseits der Grenzen der Körperlichkeit lag ein unberührtes Reich, das darauf wartete, erforscht zu werden – ein Reich der endlosen Wiedergeburt und Erneuerung.

Und so nahm ich jedes Leben an und weiß, dass meine Seele immer weiterleben würde.

Danksagung

An dieser Stelle möchte ich meine unermessliche Dankbarkeit zum Ausdruck bringen für all die wunderbaren Menschen, die mein Leben auf einzigartige Weise geformt und mich durch die Höhen und Tiefen meines Lebens begleitet haben. Meine Großeltern in Österreich, Rosa und Erich Ridky, mein innig geliebter Vater Erich Ridky (leider von uns gegangen), meine liebevolle weise Mutter Elisabeth Ridky, mein geschiedener Mann Frank Hertrich, meine Galeristin Heidrun Kannegiesser, die mein Talent erkannte, meine engsten Freundinnen Ingrid Rummel, Claudia Willmitzer, Petra Hanf, Julietta, Taratufolo, Juliana Bachmeyer (leider ebenfalls verstorben) und mein großartiger Lebensgefährte Manfred Mitterbacher samt Familie. Ihr alle habt mein Leben mit Positivität und Kraft bereichert. Dafür bin ich zutiefst dankbar.

Vier starke Frauen haben dazu beigetragen, dass dieses Buch nun vor Ihnen liegt. Sarah Rubal, Marina Rudolph, Verena Blumenfeld und Renate Jung haben den Inhalt meines Manuskriptes auf kraftvolle Weise in ein angemessenes Buchformat gebracht. Ohne sie wäre dieses Werk nicht möglich gewesen.

Abschließende Worte

Auf dem Titelbild sind zwei Fotos der Kaiserin und zwei von mir abgebildet. Unten rechts präsentiere ich Ihnen das Foto einer Sisi-Büste, die in ihrem Wiener Museum steht. Der Künstler hat die Kaiserin als 17-jähriges Mädchen verewigt. Links daneben befindet sich ein Bild von meiner Hochzeit in Venedig, als ich 27 Jahre alt war. Die Kunst der Physiognomik zeigt, dass sich die Persönlichkeitsstrukturen in der Gestaltung des Kopfes, den Gesichtszügen und der Mimik widerspiegeln. Weitere Fotos hierzu auf meiner Autorenseite bei Amazon.

Möchten Sie noch tiefer in die Themen Reinkarnation und Physiognomie eintauchen?

Wenn Sie dieses Buch gelesen haben, werden Sie vermutlich viele Fragen haben, die ich Ihnen hier leider nicht alle beantworten kann. Doch keine Sorge, mit Zugang zum Internet können Sie über Google eine Fülle an weiterführender Literatur entdecken. Lassen Sie sich inspirieren und tauchen Sie noch tiefer in diese spannenden Themen ein!

Kunstwerke

Auf den nachfolgenden Seiten finden Sie 15 Ölgemälde, die ich in den Jahren 2013 bis 2020 angefertigt habe. Mein Gesamtwerk umfasst bis heute an die 150 Bilder. Unter www.kunstmatrix.com, wenn Sie Dagmar Ridky eingeben, erscheinen sechs virtuelle Ausstellungen, die mein Werk dokumentieren.

»Lena« (2013)   200 x 200 cm

»Schamane« (2013)   210 x 200 cm

»Kismet« (2013) 150 x 220 cm

»It's my Life« (2013) 150 x 220 cm

»Jonas« (2014)   220 x 140 cm

»Lebenskünstler« (2014)   200 x 150 cm

»Schamanin« (2014)   220 x 160 cm

»Karenina« (2014)   150 x 120 cm

»Hüterin des Hauses« (2017)   200 x 150 cm

»Fliehende Seele« (2017) 200 x 150 cm

»Amadeus« (2018)   220 x 130 cm

»Gaia« (2018) 220 x 150 cm

»Naked« (2018)   220 x 130 cm

»Hope« (2018)   220 x 130 cm

»Zeitzeugin« (2020)   200 x 130 cm